DODELIJKE GEKTE

LOTJE STEINS BISSCHOP &
ROSELIEN HERDERSCHEE

DODELIJKE GEKTE

OVER MOORDENAARS MET EEN STOORNIS

Uitgeverij Atlas Contact
Amsterdam/Antwerpen

Omslagontwerp Nanja Toebak
Foto auteurs Jelmer de Haas
Ontwerp typografie binnenwerk Wim ten Brinke
Drukkerij CPI books GmbH, Leck

ISBN 978 90 450 4866 6
D/2023/0108/596
NUR 770/740

www.atlascontact.nl
www.lotjesteinsbisschop.com

FSC
www.fsc.org
MIX
Papier | Ondersteunt verantwoord bosbeheer
FSC® C083411

INHOUD

Een échte 7

I SLECHT OF GEK?
1 De grens van krankzinnigheid 23
2 Achtentwintig messteken of één fatale kogel 26
3 Het dorp 40

II MISDRIJF OF ONGELUK?
4 Achter het zwarte balkje 57
5 Van achtervolgen tot vervolgen 61
6 Heel brave ambtenaren 79

III VRIJE WIL OF VRIJE VOETEN?
7 Een bloederig brein 97
8 Gevaarlijke gedachten 104
9 Een reden, geen excuus 121

IV FEIT OF FICTIE?
10 Mannen op slippers 137
11 Liever een monster 140
12 Verwarde engelen 157
13 Het ware gezicht 168

Tot slot: de schemerzone tussen daad en dader 180
Dankwoord 183
De onzichtbaren 187
Bronnen en verantwoording 189

EEN ÉCHTE

'Jorge wil graag toegelaten worden tot het gesprek.' Precies op de afgesproken tijd popt het grijze venster op.

Lotje drukt met trillende hand op 'accepteren'. Roselien schuift wat onrustig op haar stoel. We zijn al even bezig met dit boek en hebben al heel wat moordinterviews gedaan. Maar nog nooit met een 'echte'.

Op het scherm verschijnt een fris, vriendelijk gezicht. Twinkelende ogen lachen ons toe vanachter een donker brilmontuur. Op de achtergrond zien we een nette kamer, een opgeruimd bureau en glimmende paarse gordijnen.

We zijn allebei verrast, zelfs een beetje overrompeld. We hadden iemand verwacht die... Tja, wat dachten we eigenlijk? Hoe ziet iemand eruit die een ander heeft... gedood? Wij hadden er in ieder geval niet op gerekend dat hij zo 'normaal' zou zijn. En al helemaal niet zo vriendelijk.

Maar we hebben geen tijd om ons ongemakkelijk te voelen. Jorge heeft maximaal anderhalf uur, want hij is druk, heel druk. Elke week werkt hij 36 uur in een forensisch psychiatrische kliniek, als ervaringsdeskundige hulpverlener. Ook zit hij in de afrondingsfase van zijn opleiding, waarin hij zich als ervaringsdeskundige specialiseert in de geestelijke gezondheidszorg. Daarnaast geeft hij gastlessen en doet hij her en der interviews. Zijn levensverhaal is verschenen in een boek, binnenkort komt er ook een documentaire. Om te ontspannen heeft hij een Play-

Station gekocht. Ironisch genoeg speelt hij *Resident Evil*, een game over bizarre moorden.

Het is maar wat je relaxen noemt.

Jorge vindt het belangrijk om zijn geschiedenis te delen. Niet dat hij trots is op zijn delict. Het levenloze lichaam staat nog altijd op zijn netvlies. Hij heeft er traumatherapie voor gehad, maar hij voelt zich toch elke keer weer gespannen als hij erover praat. Het liefst zou hij de tijd terugdraaien, de geschiedenis herschrijven – dan zou Guido nog in leven zijn.

Ondanks de pijn wil Jorge zijn verhaal vertellen. Ondanks de schaamte wil hij als dader naar buiten treden. En ondanks de stress zoekt hij de publiciteit. Want door zijn behandeling heeft hij een tweede kans gekregen, een die hij met beide handen heeft gegrepen. En dát wil Jorge laten zien. In zijn werk als ervaringsdeskundige, in zijn gastlessen, in de interviews, in zijn boek, in de documentaire – en ook in ons gesprek.

Het verhaal van Jorge begint hier zo'n 9000 kilometer vandaan. Het is 1985 als een politieagent hem vindt, onder de golfplaten van een sloppenwijk in Colombia. Het eenjarige jongetje is op sterven na dood. De agent brengt hem naar een kindertehuis, het kindertehuis verplaatst hem naar een adoptiecentrum en via het adoptiecentrum komt hij in Nederland terecht.

Het gesleep in zijn eerste levensjaren is niet zonder gevolg. Zolang Jorge zich kan herinneren is zijn jeugd overschaduwd door één allesoverheersende gedachte, die pijnlijk en voor eeuwig in zijn brein lijkt te zijn gekerfd: zijn eigen moeder heeft hem in de steek gelaten, gedumpt als oud vuil. Het maakt hem kwaad, woedend eigenlijk. In zijn nieuwe thuis schreeuwt de kleine Jorge zo hard dat de hond er bang van wordt. Een simpele basisschoolopdracht, waarbij hij familieleden moet tekenen op wie hij lijkt, zorgt voor een eindeloze driftbui. De razernij kruipt en sluipt steeds verder in zijn leven, om steeds op een andere manier naar buiten te komen – als hardnekkig, niet uit te roeien onkruid dat zich telkens weer laat zien tussen de voegen van de tegels.

Op achtjarige leeftijd zet Jorge de gaskraan in het huis van zijn adoptiegezin open. Hij steekt zijn middelvinger op naar de godsdienstleraar. Zonder blikken of blozen jat hij geld. 's Nachts sneakt hij het huis uit, zijn adoptieouders slapend en nietsvermoedend achterlatend. Als hij op een avond liftend in een auto stapt wordt hij gedwongen tot seks met de bestuurder, een volwassen man – Jorge is dan nog maar dertien jaar oud.

Hij begint zichzelf te beschadigen. Steeds vaker, steeds dieper. Van een kinderpsychiater krijgt hij ADHD-medicatie, Ritalin. Maar het middel heeft bijwerkingen: Jorge wordt er somber van en gaat ook nog hallucineren. In zijn waan staren dode mensen hem aan. Na een suïcidepoging komt Jorge op de intensive care terecht.

Op zijn vijftiende loopt hij weer weg, dit keer verlaat hij zijn adoptiegezin definitief. Hij zwerft van crisisopvang naar crisisopvang en belandt uiteindelijk in een gesloten jeugdzorginstelling, waar hij een groot deel van de tijd in een isoleercel moet doorbrengen. Dat laatste is vanwege agressief gedrag, maar ook omdat men bang is dat hij in een gewone kamer zichzelf wat aan zal doen.

Eenmaal meerderjarig strijkt hij neer in Rotterdam. Eerst in een daklozenpension, later in een gehuurde woning. Als een schim beweegt hij zich voort in de prostitutie en criminaliteit. Zijn zicht wordt steeds waziger door een sluier van alcohol en cocaïne.

Op 18 augustus 2008 is de vierentwintigjarige Jorge onderweg naar een klant, die via internet 'seks met twee donkere jongens in spijkerbroek' heeft besteld. Jorge is de ene escort, Guido de andere. Nadat de klus geklaard is, verdelen Jorge en Guido het geld en belanden ze in de kroeg, waar ze de avond snuivend en drinkend doorbrengen. Ze gaan door tot de volgende ochtend, nemen nog een afzakkertje bij Jorge thuis. Guido snuift nog meer coke, Jorge drinkt nog meer wijn. De dag is inmiddels halverwege. Jorges hoofd tolt.

Opeens slaat de sfeer om. Er zijn woorden over geld. Het duurt niet lang voordat het servies door de kamer vliegt. Jorge wil het vleesmes wegleggen, om erger te voorkomen. Maar zodra hij het mes in zijn handen heeft gaat het mis. Hij voelt Guido aan de voorkant tegen zijn buik vallen, terwijl het aanrechtblad aan de achterkant steeds harder in zijn rug drukt.

Als Jorge later moet verklaren wat er precies gebeurd is, heeft hij het lastig. De wolk van drank en drugs hangt als nevel over de gebeurtenissen heen. Waar Guido stond, hoeveel stappen ertussen zaten, wanneer hij het mes pakte... Hij weet het allemaal niet meer precies. Maar natuurlijk was het een ongeluk; Guido was op het mes ingelopen. Hij zou Guido nooit iets aandoen. Natuurlijk niet!

Toch oordelen de rechters dat er sprake is geweest van een steekpartij. De wond in Guido's buik is 23 centimeter, terwijl het mes een lemmet heeft van 20 centimeter. Het ding moet dus met kracht in het lichaam zijn geduwd. Daarbij is de keuken te klein voor een aanloop die nodig is voor zo'n diepe steekwond. En het letsel verloopt van voor-links naar achter-rechts in de buikholte, een schuine intrede, wat wijst op een horizontale zwaaibeweging, niet op het inlopen op het mes. Dan zou je namelijk een wond verwachten die recht de diepte ingaat, van voor naar achter. De rechters concluderen dat het mes opzettelijk, met een actief stekende beweging, in het lichaam van Guido is gestoken.

Jorge wordt onderzocht door een psychiater en een psycholoog. Zij concluderen dat Jorge lijdt aan een ernstige reactieve hechtingsstoornis en dat hij een persoonlijkheidsstoornis heeft ontwikkeld. Dit maakt hem verslavingsgevoelig, impulsief en snel gefrustreerd, iets wat een rol heeft gespeeld tijdens de fatale escalatie. Vanwege deze psychische stoornissen krijgt Jorge ná zijn gevangenisstraf een verplichte behandeling. Dit heet in zijn geval terbeschikkingstelling, oftewel: tbs.

Jorge kan leven met de gevangenisstraf, maar vindt de tbs helemaal niks. 'Die tbs'ers zijn allemaal zwaar onder de medicatie. Ze lopen kwijlend rond, als honden van mensen in witte jassen,' krijgt hij van zijn medegevangenen te horen. Maar als Jorge voor het eerst in de kliniek komt moet hij zijn beeld bijstellen. Stomverbaasd kijkt hij rond. Geen lange klinische gangen, maar een sfeervol ingerichte woonkamer. Geen kale cellen, maar kamers met een kast, een bed en een bureau. En: geen dokters met dwangspuiten, maar behandelaren in normale kleren.

'Het lijkt hier wel Center Parcs,' mompelt Jorge tegen zichzelf.

Toch blijft hij op zijn hoede. Gesterkt door zijn ervaringen in de gesloten jeugdzorg is hij ervan overtuigd dat het nooit goed kan zijn om met een hulpverlener te praten. Vragen beantwoordt hij zo kort mogelijk. Confrontaties met anderen lacht hij weg. De avondbespreking, waar hij in een kring moet zitten om te vertellen hoe zijn dag is geweest, vindt hij het allervervelendst. Langzaamaan dringt de ernst van de situatie tot Jorge door. Hij zit in een kliniek waar hij voorlopig niet uit mag, heeft een strafblad voor een levensdelict, en is ook nog een 'tbs'er'. Hoe kan hij ooit nog terug de maatschappij in? Hulpverleners die hem hierbij willen helpen, neemt hij niet serieus. Zij hebben makkelijk praten: ze hebben een opleiding, een baan en, niet onbelangrijk, géén strafblad. Steeds sterker raakt Jorge ervan overtuigd dat zijn leven voorbij is. Opnieuw wordt hij suïcidaal. En weer belandt hij in de isoleercel. Alle traumatische ervaringen uit de gesloten jeugdinrichting komen terug.

Wij schrikken ervan. Ergens begrijpen we dat hij alle hoop aan het opgeven was. Jorge lijkt niet alleen dader, maar ook slachtoffer, getroffen door zijn slechte start, een afwezige moeder en de vele traumatische crisisplaatsingen. Toch staat die Jorge in schril contrast met de persoon die ons videobellend zijn verhaal vertelt. We zien geen benadeeld mens die levensmoe is, maar een vrolijke man met een volle agenda. Op de een of andere manier is hij er dus in geslaagd om de duisternis achter zich te laten.

Volgens Jorge komt dit door zijn behandeling, waarin hij heeft geleerd om zichzelf juist níét als slachtoffer te zien. Want zijn ellende is niet enkel veroorzaakt door anderen. Niet door zijn slechte start, niet door zijn moeder, niet door zijn adoptieouders, niet door de jeugdinstellingen. Er is maar één iemand verantwoordelijk, dat is hijzelf. En daarom moet híj aan de bak – helemaal nu hij er net uit is.

Het behandelingstraject is niet makkelijk. Fikse woede-uitbarstingen, scheldpartijen en onenigheid met zijn behandelaren gaan gepaard met heftige hyperventilatie- en paniekaanvallen. Toch blijft Jorge zich inzetten. Voor de therapie gericht op de rouw om zijn moeder, voor de traumabehandeling gefocust op het seksuele misbruik en voor de behandeling voor zijn verslaving. Voor muziektherapie, psychomotorische therapie, therapie gericht op emotieregulatie, groepstherapie en arbeidstherapie. Er volgen pieken en dalen, erkenningen en ontkenningen, stappen vooruit en stappen terug. En uiteindelijk leert Jorge om verantwoordelijkheid te nemen, grenzen aan te geven, voor zichzelf op te komen en om gevoelens uit te spreken. Voor het eerst in zijn leven voelt hij zich geholpen, écht geholpen.

In februari 2014 mag hij zelfstandig wonen, zij het onder

strenge voorwaarden. Zo zal een bewindvoerder zijn geld beheren, zijn alcohol en drugs ten strengste verboden en moeten de behandelaren hem regelmatig bezoeken en blijven begeleiden. Als Jorge zich niet aan de afspraken houdt, gaat hij linea recta terug naar de kliniek.

Jorges leven begint de goede kant op te gaan. Stukje bij beetje begint hij vertrouwen te krijgen: hij is niet afgeschreven als mens. Het herstel gaat zo goed, dat een van zijn behandelaren hem vraagt om andere patiënten over zijn leven te vertellen. Over het delict, de behandeling en hoe hij zijn weg aan het vinden is in de maatschappij. Jorge aarzelt. Wil hij wel opnieuw geconfronteerd worden met al die pijnlijke, schaamtevolle gebeurtenissen? Toch besluit hij om het te doen. Hij weet als geen ander hoe belangrijk het is om te laten zien dat er nog leven is na tbs, het is niet zo lang geleden dat hijzelf alle hoop verloor.

Het blijkt een schot in de roos. Na afloop van de sessie zegt een van de patiënten tegen hem: 'Door jou zie ik dat er wel degelijk toekomst is.'

Jorge is diep geraakt.

'Tbs'ers moeten ze allemaal dood maken, ze zijn toch niet te helpen, zonde van het geld.'

De man ernaast doet ook een duit in het zakje: 'Je kan er niet eens normaal mee praten, ze zijn hartstikke psychotisch. Ik zou echt nooit met een tbs'er omgaan.'

Jorge schrikt. Zijn bijbaantje heeft hij nu al bijna een jaar, maar hij heeft al die tijd niets over zijn geschiedenis durven zeggen. En als je hoort wat zijn collega's allemaal uitkramen, kun je je daar wel wat bij voorstellen. Toch besluit Jorge nu wél over zijn achtergrond te beginnen, ondanks – of misschien wel juist door – die verhitte sfeer.

Het groepje valt stil.

'Maar... jij lijkt helemaal niet op een tbs'er!' stamelt de eerste schreeuwer, nu een stuk zachter.

'Hoe ziet zo iemand eruit dan?' vraagt Jorge hem.

Er volgt een lang gesprek. Jorge benadrukt dat niets een delict kan goedpraten. Maar om het delict te kunnen begrijpen, is het wel belangrijk om te weten wie de persoon achter de misdaad is. En daar is eigenlijk iedereen het wel mee eens.

Het is weer een klein duwtje in de rug. Jorges zelfvertrouwen groeit.

Een paar jaar later begint Jorge aan zijn opleiding tot ervaringsdeskundige hulpverlener. En ook daar moet hij vechten tegen de vernietigende beeldvorming over de tbs – en dat is nog zacht uitgedrukt. Vooral als Jorge zijn studiegenoot hoort praten over 'verschrikkelijke, kansloze criminelen' schrikt hij. Dit had hij niet verwacht van de mensen uit zijn klas, die nota bene worden opgeleid tot hulpverleners. De man in kwestie is een politieagent, waardoor de drempel voor Jorge extra hoog is. Hij verzamelt al zijn moed en zegt: 'Elke keer als je het over die criminelen hebt, heb je het eigenlijk ook een beetje over mij.'

Er volgt opnieuw een lang gesprek. Met opnieuw een goede uitkomst.

Na zijn afstuderen gaat Jorge aan het werk in de kliniek waar hij zelf behandeld is. Het is even wennen als hij voor het eerst als medewerker de instelling binnenstapt: een andere ingang, toegang tot het personeelskantoor en hij kan de kliniek verlaten wanneer hij maar wil – dat laatste is misschien wel het gekst. Aan zijn jasje glimt een medewerkerspas, zijn broekriem is versierd met een sleutelbos en een pieper, precies zo eentje waar Jorge de sociotherapeuten wel eens op had zien drukken.

Al vrij snel voelt hij zich nuttig. Op de groep proeft hij het leefklimaat, observeert hij de wisselwerking tussen het behandelteam en de patiënten en voelt hij of er onderhuidse spanningen spelen. Bijna intuïtief herkent hij bepaalde patronen uit de gevangenis. Wat die 'bajesmentaliteit' precies inhoudt is lastig om onder woorden te brengen. Wat er het dichtst bij in de buurt komt is een vorm van passieve agressie, patiënten die hun frustraties niet uitspreken maar botvieren op anderen. Vaak op een vrij subtiele manier, via oogcontact, met bepaald taalgebruik, of door agressieve muziek met 'groepsongeschikte teksten', zoals Jorge dat noemt.

Bijna altijd stapt Jorge in zo'n geval direct op de aanstichter af. 'Shit, jij begrijpt het echt,' is dan de reactie.

Kleine groep, grote vragen

We moeten even slikken na het gesprek met Jorge. Na zijn persoonlijke verhaal lijkt onze gretige nieuwsgierigheid een beetje ongepast. Alsof we op zoek zijn naar sensatie over de rug van kwetsbare mensen, mensen die in hun jeugd weinig geluk hebben gehad. Om nog maar te zwijgen over het leed van de nabestaanden – alsof we letterlijk over lijken gaan.

Maar wij zijn niet op zoek naar ophef, heisa of anderszins kabaal. Wij praten met Jorge omdat we willen weten hoe we hem moeten plaatsen. Hoe moeten we kijken naar daders als Jorge, mensen die vanuit een stoornis een ander doden?

In ons gesprek laat Jorge zien hoe zijn tragische levensgeschiedenis heeft bijgedragen aan een persoonlijke kwetsbaarheid, iets dat hem vatbaar heeft gemaakt voor drank, drugs, prostitutie en criminaliteit. Toch legt hij, na jaren therapie, de verantwoordelijkheid vooral bij zichzelf. Niet zijn persoonlijkheidsstoornis, maar hijzelf is schuldig aan Guido's dood. Niet zijn ongelukkige schooltijd, maar hij als persoon. Niet zijn adoptie, maar Jorge. Als hij dat mes niet had gepakt...

Is Jorge nu dader of slachtoffer? Moeten we hem straffen of helpen? Hoe moeten we als samenleving omgaan met 'dit soort' daders?

In Nederland komen per jaar ongeveer 120 mensen om het leven door moord of doodslag. Hiervan wordt 3,5 procent geduid als 'abnormaal': in deze groep heeft de dader een psychische stoornis. In ons land is moord dus zeldzaam – en 'dodelijke gekte' komt al helemaal weinig voor.

Toch roept deze kleine groep grote vragen op. Want als er sprake is van een stoornis, wil justitie weten of de moord verklaard kan woorden *door* die stoornis. Als dat het geval is, is de moordenaar (gedeeltelijk) ontoerekeningsvatbaar. En ontoerekeningsvatbare moordenaars worden niet (of minder) verantwoordelijk gehouden voor hun daad, waardoor zij geen (of minder) straf krijgen.

Zijn deze ontoerekeningsvatbare moordenaars nu criminelen of patiënten? Moeten we ze bewaken of behandelen? Gaan ze dan naar een gevangenis of een instelling? In hoeverre zijn deze moordenaars nog verantwoordelijk voor wat ze hebben gedaan?

Dát is de insteek van dit boek. Als journalist (Roselien) en schrijver/filosoof (Lotje) zijn we allebei geïnteresseerd in de manier waarop menselijk gedrag onze maatschappij vormgeeft, én andersom. De wijze waarop we omgaan met moordenaars met een stoornis zegt veel over onze samenleving. Het werpt licht op onze fundamentele ideeën over ziek en gezond, goed en fout, normaal en abnormaal, verantwoordelijkheid en schuld – zaken die zich niet laten vangen in harde categorieën, maar meestromen met een vloeibare werkelijkheid. Het zijn bovendien kwesties die niet alleen over daders gaan, maar over alle mensen – bij moordenaars met een stoornis zijn ze alleen wel fors uitvergroot.

In dit boek onderzoeken we deze wazige grens van krankzinnigheid en de glijdende schaal van het kwaad. Met behulp van vele mensen die dagelijks met dodelijke gekte te maken hebben, proberen we grip te krijgen op de moordenaar met een stoornis.

Een allesoverschaduwende fascinatie

Er is nog iets anders wat ons mateloos fascineert aan deze kleine groep: de moordenaar kan wel heen en weer bewegen tussen 'slecht' en 'krankzinnig', de moord zelf is toch echt eenrichtingsverkeer. Daar is niks wazigs of 'glijdends' aan – het is definitief. Dit contrast tussen dader en daad boeide ons vanaf het begin. Als een stel bezetenen stortten we ons in verschillende gezamenlijke schrijfprojecten, waar we de moordenaar met een stoornis onderzochten in al zijn verschijningsvormen. We bestudeerden moorddadige films, doken in wetenschappelijke literatuur over toerekeningsvatbaarheid en verzonnen een bloederig verhaal over een psychotische dader die tekeergaat met een ijspriem. Langzaamaan raakten we overschaduwd door onze eigen fascinatie, dus we besloten om orde in de chaos te scheppen. We zouden onze gesprekken, indrukken en onderzoeken structureren in de vorm van een journalistieke artikelenreeks, althans dat dáchten we. Maar de serie werd steeds langer – net als de artikelen zelf. De ene dag zaten we aan een (digitale zoom-)tafel met een ex-gedetineerde, de andere dag kregen we uitgebreide toelichting van een stel rechters. We liepen door de gangen van een gevangenis, even later zaten we muisstil in de rechtszaal. En toen begon het uit de hand te lopen: de reeks kreeg boekproporties.

We besloten nog meer tijd in onze zoektocht te steken en verdeelden de taken. Lotje ging door met schrijven en vormde ons onderzoek om tot een boek, Roselien bleef nauw betrokken bij het maakproces. Zo kreeg dit boek vorm vanuit diverse personen en plekken, variërend van filmmakers tot advocaten en van zolderkamers tot tbs-klinieken.

Van gluren tot opensperren

De grote vragen die de moordenaar met een stoornis oproept, vereisen verschillende benaderingen. Je ziet ze terug in de opbouw van dit boek.

In de eerste plaats moet er bepaald worden of een moordenaar psychisch ziek is. Dit vraagstuk wordt in de literatuur samengevat als *mad or bad*: slecht of gek. Het was ook bij Jorge aan de orde: hij doodde Guido (*bad*), tegelijkertijd oordeelden deskundigen dat zijn stoornissen hebben bijgedragen aan die fatale steekpartij (*mad*). Moeten we Jorge dan als 'slecht' of 'ziek' beschouwen? Of is hij het allebei tegelijk? Kan dat eigenlijk wel? Dit onderzoeken we in het eerste deel van dit boek, waarin we de moordenaar bekijken door de ogen van psychiaters, psychologen en gedragsdeskundigen.

En stel dat de moordenaar 'ziek' is en de daad voortkomt uit een stoornis, kunnen we dan nog wel van een doelbewuste, geplande moord spreken? Jorge kon het wel van de daken schreeuwen: het was niet expres! Het was absoluut niet zijn bedoeling om Guido wat aan te doen. Toch wordt hij veroordeeld voor een levensdelict. Hoe zit dat? Wanneer is een fatale gebeurtenis een moord, wanneer is het een dodelijk ongeluk? Hoe maken we dit onderscheid? Hoeveel invloed heeft een stoornis hierop? In het tweede deel van het boek kijken we mee met advocaten, openbaar aanklagers en rechters: de mensen die zich hierover buigen.

Vervolgens doen we een stap naar achteren en knijpen we onze ogen iets meer samen. Zo wordt de moordenaar met een stoornis abstracter. Op dat niveau is hij gelinkt aan een eeuwenoud filosofisch probleem: de vraag in hoeverre wij controle hebben over ons handelen. Bij Jorge kun je je bijvoorbeeld afvragen of hij door zijn psychische ziekten, maar ook door alle drank en drugs, nog in staat was om zijn handelen te sturen. En die handelingsvrijheid, of eigenlijk handelings*on*vrijheid, heeft te maken met de 'slecht-of-gek-discussie' (deel 1) en met het strafrechtelijke onderscheid tussen een misdrijf en een ongeluk (deel 2). Hoe dit precies in elkaar steekt, lees je in het derde, filosofische deel.

Tot slot richten wij ons letterlijk op het uiterlijk van de gestoorde moordenaar. Wat komt er in ons hoofd op als we hem voor ons proberen te zien? Jorges medegevangenen hadden een helder beeld: hij ziet eruit als een kwijlende hond, een huisdier van mensen in witte jassen. Jorges studiegenoten waren iets minder expliciet, maar wisten zeker dat hij niet zo 'normaal' als Jorge kon zijn. De gedetineerden en studenten zijn niet de enigen met een rijke fantasie. In series, boeken en films is dit type moordenaar vaak een monsterlijke, gevaarlijke gek. We hebben blijkbaar de neiging om hem neer te zetten als een schreeuwende agressieveling, een intimiderende spierbonk of een valse psychopaat. En vrijwel altijd als een 'hij'.

Wat is de gedachte achter deze mannelijke vermonsterlijking? Hoe komt deze beeldvorming tot stand? En wat zegt dat over ons? In het vierde en laatste deel lenen we de ogen van journalisten, filmkenners en psychoanalytici om ons collectieve beeld van de gestoorde moordenaar te analyseren.

Hulpverleners, juristen, filosofen en beeldvormers: verschillende perspectieven, verschillende weergaven van de moordenaar met een stoornis, waardoor hij steeds een ander gezicht krijgt.

En al die gezichten hebben wij de afgelopen jaren – tijdens het schrijven van dit boek – gezien. We bekeken koelbloedige criminelen, psychotische daders en angstaanjagende psychopaten. We gluurden naar een ziekenverzorgster die haar patiënten vermoordde uit medelijden, maar ook naar een Colombiaan die na twee slachtoffers besloot om te doen alsof hij zelf ook dood was. We staarden naar een woedende ex, een dronken Porscherijder en een bejaarde jager die allemaal op een andere manier de dood van een ander op hun geweten hebben. En we knipperden een paar keer met onze ogen toen we zagen dat raceauto's en afgehakte handen relevant zijn voor onze visie op de gestoorde moordenaar.

In dit boek lopen we om de moordenaar met een stoornis heen en bekijken we hem steeds vanuit een andere hoek. En uiteindelijk zul je merken: wát je ziet aan die mensen is niet eens het belangrijkst. Het gaat erom hóé je kijkt. Op het ene moment helpt het om voorzichtig door je wimpers te gluren, op een ander moment is een priemende blik meer gepast. Soms sper je je ogen wijd open van schrik, een andere keer knijp je ze geconcentreerd tot spleetjes. Door oog te hebben voor die verschillende kanten, wordt je zicht niet troebel.

Veel gegluur, gefocus, gesper en geknijp toegewenst.

I

SLECHT OF GEK?

1

DE GRENS VAN KRANKZINNIGHEID

Castratie voor zedendelinquenten en de doodstraf voor moordenaars: in het begin van de twintigste eeuw werd dit voorgesteld als straf voor de 'onverbeterbare' misdadiger. Iets daarvoor, in 1906, stelde strafrechtsgeleerde Gerard van Hamel dat het recht moest worden aangepast voor personen die zich bevonden 'op de grens van krankzinnigheid en geestelijke gezondheid'. Krankzinnigen moesten worden behandeld, slechteriken verdienden straf en de 'onverbeterbaren' – tja, die hadden dus pech. Zij moesten 'onschadelijk' gemaakt worden, wat weer leidde tot pleidooien voor gedwongen castratie of herinvoering van de doodstraf.

We hebben het nu niet meer over onschadelijk maken of de doodstraf, maar Van Hamels invloed is nog steeds terug te vinden in ons huidige strafrechtsysteem. Tegenwoordig maken we namelijk ook onderscheid tussen moordenaars met en zonder 'krankzinnigheid' – de 'slecht-of-gek-vraag' gaat dus al meer dan honderd jaar terug. Kijk bijvoorbeeld naar artikel 39 van het *Wetboek van Strafrecht*: 'Niet strafbaar is hij die een feit begaat, dat hem wegens de psychische stoornis, psychogeriatrische aandoening of verstandelijke handicap niet kan worden toegerekend.' Niet (of verminderd) toerekeningsvatbaar impliceert dus: niet (of minder) strafbaar. De gedachte hierachter: ontoerekeningsvatbare daders zouden zonder hun stoornis de moord nooit hebben gepleegd. Hun aandoening heeft het moorddadige willen, denken en handelen volledig bepaald – en dan kun je ze maar beter behandelen.

In Van Hamels tijd kwam er ook kritiek. Die bestond niet alleen uit ethische bezwaren, maar ook uit praktische bedenkingen. Want hoe moet je het onderscheid maken? Hoe bepalen we wie er gestraft, behandeld of 'uitgeschakeld' moet worden? Wanneer bevindt iemand zich op die 'grens van krankzinnigheid' en wanneer niet? Wie bepaalt dat? Een van Van Hamels critici was door hemzelf opgevoed – zijn zoon Joost schreef in 1912 over 'Het onwenschelijke van eene Psychopathen-strafwet'.

Ook de kritiek is nog steeds actueel: *toerekeningsvatbare* moordenaars onderscheiden van *ontoerekeningsvatbare* daders is ingewikkeld. Want er is ongetwijfeld wel wat aan te merken op de psyche van mensen die een levensdelict plegen, maar daarmee heeft diegene niet meteen een psychiatrische stoornis. Wanneer moeten we een fatale daad zien als een gevolg van een stoornis, die behandeld moet worden? En wanneer moeten we het zien als crimineel gedrag, waarvoor mensen gestraft moeten worden?

In Nederland behoren deze vragen tot het werk van *pro Justitia rapporteurs*, gespecialiseerde gedragsdeskundigen, psychologen of psychiaters. Zij onderzoeken of er bij een verdachte sprake is van een psychische stoornis en of die stoornis van invloed is geweest op de moord (de toerekenbaarheid). Hun conclusies schrijven ze in een rapport, de *pro Justitia rapportage*. Dit rapport kan grote gevolgen hebben, want de rechtbank baseert haar oordeel er goeddeels op.

Na een uitgebreide voorbereiding en rondleiding in het gevangeniswezen mag Lotje meekijken met twee ervaren rapporteurs. Lotje moet even schakelen, vooral vanwege de omgeving. Geen GGZ-instelling maar een huis van bewaring, geen normale deur maar zo'n metaaldetectiepoortje, geen verpleegkundige maar een bewaker. En in plaats van een verwijsbrief krijgt een rapporteur het proces-verbaal op zijn bureau. Maar ondanks deze verschillen met de geestelijke gezondheidszorg, is de psychiatrische aanpak wél hetzelfde. Een stoornis is een stoornis, of die nou vastgesteld wordt achter een open of een gesloten deur. Dit betekent trouwens niet dat het eenvoudig is. Psychische stoornissen laten zich zelden reduceren tot simpele ja-neekwesties en de grens tussen het normale en abnormale is niet altijd even duidelijk. En dan moet het allermoeilijkste nog komen: er moet ook worden vastgesteld of iemand vanuit die stoornis ontoerekeningsvatbaar is.

Het professionele enthousiasme van de rapporteurs met wie Lotje meeloopt heeft iets aanstekelijks. De manier waarop zij het ingewikkelde spanningsveld rondom de verdachte benaderen – Dader of patiënt? Bewaken of verzorgen? Straffen of behandelen? – helpt ons om de 'gek-of-slecht-vraag' steeds scherper te formuleren. Hoe bepalen rapporteurs of er sprake is van 'krankzinnigheid'? Wanneer leidt een stoornis tot ontoerekeningsvatbaarheid? En hoe is het om vervolgens zo'n ontoerekeningsvatbare moordenaar te behandelen?

2

ACHTENTWINTIG MESSTEKEN OF ÉÉN FATALE KOGEL

Zoals veel mensen nog precies weten wat ze aan het doen waren op het moment dat ze hoorden van de aanslag op het World Trade Center, zo weet Roselien nog goed dat ze op Utrecht Centraal Station liep toen ze hoorde dat er in Noorwegen een drama plaatsvond. Het was 22 juli 2011, de dag waarop Anders Breivik 77 mensen vermoordde: acht bij een bomaanslag op een regeringsgebouw in Oslo en 69 op het eiland Utøya.

Drie weken na het bloedbad wordt Breivik onderzocht door een tweetal psychiaters. Zij concluderen dat hij de gruweldaad heeft begaan onder invloed van paranoïde en grootheidswanen – een psychose dus. Synne Sørheim, een van de rapporteurs, licht deze conclusie toe in de rechtszaal: 'Hij denkt dat hij ons allemaal gaat redden van de verdoemenis in een strijd tussen goed en kwaad. In deze strijd denkt hij een overkoepelende verantwoordelijkheid te hebben, een roeping, om te bepalen wie er blijft leven en wie er sterft.'

Volgens Sørheim is Breivik ontoerekeningsvatbaar: niet Breivik als persoon, maar zijn ziekte heeft de moordpartij veroorzaakt. Het advies: geen verblijf achter tralies, maar therapie in een instelling. Dit leidt tot zoveel ophef in Noorwegen, dat de rechters een tweede beoordeling vragen.

Na een uitgebreide observatie en een nieuw onderzoek stelt een ander team psychiaters dat er *geen* sprake is van een psychose, maar van een narcistische persoonlijkheidsstoornis, een stoornis die het delict niét (volledig) kan verklaren. In tegenstelling tot het vorige team stellen deze onderzoekers dat Breivik *toerekeningsvatbaar* is. Deze conclusie wordt overgenomen, wat resulteert in een lange gevangenisstraf.

Een van deze (laatste) psychiaters is Terje Tørrissen. Aan vakblad *Medisch Contact* vertelt hij over zijn bevindingen. Volgens hem werd Breivik weliswaar gemotiveerd door denkbeelden die 'vreemd kunnen overkomen', maar daarmee heeft hij niet meteen een psychotische waan. Sterker nog, zijn extreemrechtse ideeën worden (helaas) breder gedeeld, daarom moeten we het volgens Tørrissen eerder zien als een geloof dan een ziekte. Ter verduidelijking noemt de psychiater een klein dorpje in het Midden-Westen van de VS, waar de inwoners geloven dat je naar de hemel gaat als je een beet van een giftige slang overleeft. Omdat iedereen daar leeft met dat idee, kun je het geen waan noemen.

Terug naar Breivik. Beide onderzoeken concluderen dus dat er wat mis is met zijn geestesvermogens, maar er is een cruciaal verschil tussen de twee: volgens het eerste heeft de stoornis wél geleid tot de massamoord, volgens het tweede níét. Een onderscheid tussen *ontoerekeningsvatbaar* en *toerekeningsvatbaar*, tussen behandeling en gevangenisstraf, en misschien wel tussen 'gek' en 'slecht'.

Een veranderlijke blik

'Meteen werd ik gegrepen door het werk: onderzoeken in hoeverre een delict samenhangt met psychiatrische problematiek en dat dan zo helder mogelijk opschrijven voor juristen.' Aan het woord is Sabine Roza, een van de rapporteurs die wij spreken. Het is alweer jaren geleden, maar Roza kan zich nog goed herinneren dat zij in het begin even moest wennen aan het forensische werkveld. 'Als rapporteur krijg je ook de politiedossiers onder ogen en daar staan soms gruwelijke details in. Sommige mensen doen heel nare dingen.'

Het werk is niet alleen heftig, het is ook intensief. Tijdens het rapporteren is Roza dag en nacht met een zaak bezig. Naast het informatie verzamelen en het spreken met mensen neemt ze ruim de tijd om te 'kauwen, heel veel te kauwen', oftewel: om na te denken over alles wat ze heeft gezien en gehoord. Daarbij verschijnt er zo ontzettend veel in de media over dit onderwerp, dat ze continu in aanraking komt met haar werk, ook als ze op zaterdagochtend de krant zit te lezen. Dit vindt Roza allesbehalve storend: 'Ik vind het gewoon altijd boeiend.'

Oprechte nieuwsgierigheid is Roza's belangrijkste drijfveer: ze wil weten hoe het zit met de verdachte die voor haar zit. Ze let er wel op dat die nieuwsgierigheid niet doorslaat naar een soort 'hulpverlenerstand', een valkuil die volgens Roza altijd op de loer ligt. 'Als hulpverlener wil ik patiënten helpen, maar dat is niet wat van een rapporteur wordt gevraagd. Rapporteurs concentreren zich op de vraag of er een relatie is tussen psychische problematiek en het delict.' Een ander belangrijk verschil tussen een hulpverlener en een rapporteur is de manier waarop het verhaal van de verdachte wordt geïnterpreteerd. 'Als hulpverlener ben je geneigd om uit te gaan van betrouwbaarheid: wat er wordt verteld is in principe waar. Terwijl je als rapporteur alert moet zijn op het feit dat een verdachte kán liegen.'

De tegenovergestelde valkuil bestaat ook. 'Er kan een soort sarcasme of moedeloosheid insluipen. Dat je bij een verdachte gaat denken: dit wordt nooit meer wat, hier valt niets meer aan te doen. Als je die overtuiging hebt, kun je dit werk ook niet doen.'

Voor Roza en haar collega's begint het rapporteren met de vraag of er sprake is van een stoornis, iets waar deskundigen niet altijd hetzelfde antwoord op hebben – dat laat de zaak van Breivik wel zien. Hoe kan het dat er over zoiets belangrijks verschillend geoordeeld wordt, zelfs door zeer ervaren psychiaters of psychologen?

Een groot deel van het antwoord ligt in de stoornis zelf. Psychische ziekten worden gediagnosticeerd aan de hand van klachten die samen (geclusterd) voorkomen. Ze zijn vastgelegd in het handboek voor psychiaters en psychologen, de DSM (*Diagnostic and Statistic Manual of Mental Disorders*). Voor de psychiatrische aandoening ADHD (*Attention Deficit Hyperactivity Disorder)* zijn de belangrijkste kenmerken bijvoorbeeld onoplettendheid, hyperactiviteit en impulsiviteit. Voor een depressie zijn dat een sombere stemming en verlies van interesse of plezier. En voor een psychose zijn het wanen en hallucinaties. Psychiaters en psychologen zijn getraind om deze klachten zo goed mogelijk uit te vragen, te onderzoeken en te interpreteren. Want druk gedrag is niet per definitie hetzelfde als hyperactiviteit, een sombere bui is iets anders dan een depressieve stemming, en achterdocht is niet meteen een paranoïde waan. Ook zijn er wetenschappelijk onderbouwde vragenlijsten en (neuro)psychologische testen die kunnen helpen bij de interpretatie van psychische klachten. Maar feit blijft dat deze manier van onderzoek een grotere onzekerheidsmarge heeft dan bijvoorbeeld een genetische test of een bloedonderzoek.

Daar komt nog bij dat een verdachte moordenaar meestal niet zit te wachten op psychiatrisch of psychologisch onderzoek. Er wordt vaak niet (vrijwillig) meegewerkt en dan kan het knap lastig zijn om iemands psyche goed te onderzoeken en te interpreteren. Het omgekeerde kan trouwens ook: er zijn moordenaars die een stoornis veinzen en zo proberen om onder een zware gevangenisstraf uit te komen.

Een genetische test, een bloedonderzoek of desnoods een hersenscan – iets wat je objectief kunt meten – zou kunnen helpen, of in ieder geval minder ruis geven op de diagnostische lijn.

Maar die zijn er (nog) niet, al zijn er wel hypothesen over biologische componenten van psychische aandoeningen. Er wordt bijvoorbeeld gedacht dat een bepaald hersengebied een rol speelt bij ADHD, dat het dopaminerge systeem te maken heeft met een psychose, en een verstoorde serotoninebalans met een depressie. Toch spelen deze hypothesen vooralsnog geen concrete rol bij de diagnostiek – bloedtesten of hersenscans worden niet gebruikt om een stoornis vast te stellen. Voorlopig moeten rapporteurs de psychische symptomen van een verdachte dus zo goed mogelijk uitvragen, observeren en interpreteren.

Om de diagnostiek toch zo betrouwbaar mogelijk te verrichten, praten rapporteurs niet alleen met de moordenaar, maar graven ze ook uitgebreid in zijn verleden. Vaak spreken ze ook met familieleden of andere mensen uit zijn omgeving. En als het nodig is, doen ze nog allerlei aanvullende neuropsychologische onderzoeken. Verder zijn er bij moordzaken meestal twee onderzoeken: een van een psychiater en een van een psycholoog, die onafhankelijk van elkaar rapporteren. Op die manier krijgt de rechtbank een zo betrouwbaar mogelijk beeld. Ook kan de moordenaar worden opgenomen in het Pieter Baan Centrum, de gespecialiseerde kliniek waar de diagnostiek wordt gedaan door een heel team aan experts die een verdachte wekenlang kunnen observeren.

Maar alsnog kan het gebeuren dat verschillende observatiemomenten anders uitpakken, dat maakt dat conclusies soms van elkaar verschillen. Daarmee kan de blik op de moordenaar met een stoornis ook bínnen de rapporteurswereld wisselen – kijk maar naar de zaak van Breivik.

Afwijkend gedrag of een stoornis?

Slechts een klein deel van de moordenaars wordt gediagnosticeerd met een psychiatrische ziekte; 'gek' gedrag is niet meteen een stoornis. Dit onderscheid is soms lastig te maken, want sommige moordenaars zónder stoornis maken het wel heel bont.

Zo ook de Dominicaanse George H., een kleine, zwaarlijvige man met een rond gezicht. Op 30 augustus 2013 belt H. de politie omdat hij al vier dagen lang geen contact krijgt met een van zijn vrienden. H.'s ongerustheid blijkt terecht: de politie treft de man dood aan in zijn woning. De ongelukkige, Alan Ramón Pérez González, komt net als H. uit de Dominicaanse Republiek en woont nog niet zo lang in Nederland. Omdat H. zowel Spaans als Nederlands spreekt, regelt hij Pérez González' administratieve zaken. H. doet dat trouwens voor meer landgenoten, onder anderen voor een aantal Dominicaanse prostituees op de Wallen.

Tot nu toe is er misschien nog geen vuiltje aan de lucht, maar aan H.'s helpende hand begint steeds meer viezigheid te kleven.

Zo wordt er later een tas gevonden met injectienaalden en ampullen succinylcholine, een spierverslapper die binnen een-twee minuten vrijwel alle spieren in het lichaam uitschakelt – ook de ademhalingsspieren. Getapte telefoongesprekken en computergegevens laten zien dat H. de spierverslappers uit de Dominicaanse Republiek geleverd heeft gekregen. Ook heeft H. zitten googelen op 'succinylcholine perfect murder weapon'. En op basis van zendmastgegevens blijkt dat H. rond de overlijdensdatum in de woning van het slachtoffer was. Verder wordt duidelijk dat op naam van Pérez González een levensverzekering is afgesloten, voor een bedrag van 200 000 euro. Drie keer raden wie hiervan de eerste begunstigde is.

Maar hiermee is de zaak nog niet klaar. Want op 13 november

2013 wordt er nóg een Dominicaan dood aangetroffen. Het gaat dit keer om Rafael Alfredo Bido Fernández.

Er zijn verdacht veel overeenkomsten met Pérez González:

Ook Bido Fernández is een bekende van H.

Ook Bido Fernández spreekt de Nederlandse taal niet.

Ook Bido Fernández heeft H. als tolk.

Ook in het lichaam van Bido Fernández wordt de spierverslapper aangetoond.

En: ook op de naam van Bido Fernández is een levensverzekering afgesloten. De begunstigde hiervan is nu niet H. zelf, maar H.'s moeder.

Als je denkt dat de zaak niet nog meer kan stinken, hou dan je neus nu maar dicht. Want voordat H. de dubbele moord op zijn landgenoten pleegt, heeft hij nóg een overlijdensrisicoverzekering en een uitvaartverzekering afgesloten. Dit keer op de dood van... zichzelf. Opnieuw zou H. het verzekeringsgeld via zijn moeder innen.

Zijn eigen dood is trouwens op zeer geraffineerde wijze in scène gezet: zijn moeder blijkt een voortreffelijke actrice als zij haar zoon als 'overleden' opgeeft bij de gemeente Amsterdam. En zijn broer overhandigt de verzekering een foto van een grafsteen met daarop H.'s naam, geboortedatum en 'sterfdatum'. Ook aan een (vervalste) overlijdensakte is gedacht. Maar ondanks deze gedetailleerde voorbereidingen mislukt het plan. De verzekering krijgt argwaan en komt erachter dat H. nog in leven is.

Je zou zeggen dat de feiten voor zich spreken, maar H. ontkent alles en beroept zich op zijn zwijgrecht. Hij wordt onderzocht in het Pieter Baan Centrum en ook daar zorgt hij voor een spektakel: H. beweert dat hij een hersenbeschadiging heeft opgelopen bij een ernstig auto-ongeluk. Waarom hij het onderzoek probeert te manipuleren wordt niet duidelijk, maar we kunnen ons voorstellen dat hij doet alsof hij een stoornis heeft, om te ontkomen aan een gevangenisstraf. Maar de deskundigen trappen er niet in. Neurologisch onderzoek laat geen enkele schade zien. En op simulatietesten, testen die een indicatie geven of je liegt, scoort H. buiten de grenswaarden. De onderzoekers concluderen dat H. liegt zonder enige blijk van ongemak. En door al dat liegen hebben de deskundigen maar beperkt zicht op H.'s belevingswereld, waardoor zij geen uitspraken kunnen doen over een eventuele stoornis. De rechters laten het hierbij en veroordelen H. voor de dubbele medicijnmoord. Hij krijgt een levenslange gevangenisstraf.

Voor ons heeft de daad van H. meer weg van een dramatische film dan van een waargebeurd verhaal. Maar het laat goed zien: *gestoord* gedrag wordt niet meteen gezien als stoornis – hoe erg H. ook zijn best deed om het tegenovergestelde te bewijzen.

Wel, niet of verminderd?

Na het vaststellen van de stoornis gaan rapporteurs over op de tweede stap: ze onderzoeken in hoeverre de stoornis van invloed is geweest op de moord, de toerekeningsvatbaarheid. Er zijn drie gradaties: iemand is wel, niet, of verminderd toerekeningsvatbaar. Om dit onderscheid te kunnen maken, duiken rapporteurs diep in de strafzaak. Als een psychotisch persoon bijvoorbeeld vanuit het niets met achtentwintig messteken een bloedbad aanricht, zullen rapporteurs betwijfelen of diegene op dat moment in staat is geweest om zijn handelen te sturen: je hebt namelijk geen achtentwintig messteken nodig om iemand te doden. En als iemand met een persoonlijkheidsstoornis met een vuurwapen heeft geschoten, vragen rapporteurs niet alleen waarom hij dat heeft gedaan, maar ook hoe hij aan dat wapen is gekomen. Heeft hij het van tevoren gekocht? En waarom kocht hij het eigenlijk, om iemand neer te schieten of was er een andere reden? Hij weet toch dat wapenbezit verboden is in Nederland? En waarom heeft hij het wapen meegenomen naar die ene afspraak? Had hij ook overwogen om het niet mee te nemen?

Achtentwintig messteken of één fatale kogel, in beide gevallen moeten rapporteurs zo sluitend mogelijk reconstrueren wat iemands gedachten, gevoelens en gedragingen zijn geweest in de periode rondom de moord. Ze analyseren zorgvuldig hoe het denken, willen en handelen van de moordenaar samenhangt met de stoornis.

Die samenhang is niet altijd aanwezig. Soms is er psychiatrische problematiek, maar is er geen verband met het delict. Rapporteurs komen dan tot de conclusie dat er *geen* relatie is tussen de stoornis en de moord – de dader is dan *toerekeningsvatbaar.*

Zelfs mensen die kampen met ernstige psychiatrische problematiek zijn niet per definitie volledig ontoerekeningsvatbaar. Mensen die lijden aan een psychose kunnen bijvoorbeeld denken dat buitenaardse wezens de wereld gaan overnemen en tegelijkertijd gewoon hun broodje kopen bij de bakker, bloemen halen voor hun moeder, of hun vaste rondje wandelen. Met andere woorden: ze doen ook heel normale dagelijkse dingen waar de psychose geen of nauwelijks invloed op heeft. Pas als de psychose het denken, willen en handelen ten tijde van de moord *volledig* heeft bepaald, is de moordenaar ontoerekeningsvatbaar.

Soms lukt het de rapporteurs niet om antwoorden te vinden. Zelfs als er overeenstemming is over de psychiatrische diagnose, kan het lastig zijn om die toerekeningsvatbaarheid vast te stellen. Het gaat er namelijk om of die stoornis heeft doorgewerkt op het delict – en dat is niet altijd evident.

Het zal bijvoorbeeld niemand verbazen dat er iets ongezonds

is aan de geest van Michael P., de man die in 2017 Anne Faber verkracht en doodt. Als P. voor onderzoek wordt opgenomen in het Pieter Baan Centrum, mishandelt hij ook nog eens vijf medewerkers. Rapporteurs concluderen dat P. lijdt aan een persoonlijkheidsstoornis met zowel borderline als antisociale kenmerken en is afhankelijk van meerdere middelen (alcohol, drugs en het ADHD-medicijn Ritalin). Maar of P. dóór deze stoornissen verminderd toerekeningsvatbaar is, ligt gecompliceerd.

De deskundigen schetsen twee scenario's: één waarin P. verminderd toerekeningsvatbaar is, en één waarin hij 'in grote mate dan wel geheel' toerekeningsvatbaar is.

Het eerste scenario sluit aan bij de verklaringen van P. Op basis daarvan lijkt het alsof hij heeft gehandeld uit achterdocht, woede en impulsieve agressiviteit, voortvloeiend uit zijn borderline persoonlijkheidsproblematiek. Langs deze redenatie hebben de gestoorde persoonlijkheidsaspecten doorgewerkt op zijn daden en is P. *verminderd toerekeningsvatbaar.*

Nu heeft niet iedereen met borderline persoonlijkheidsproblematiek continu achterdocht, woede of impulsieve agressiviteit. En als de rapporteurs zich concentreren op de planmatige en doelbewuste manier waarop P. te werk is gegaan (het tweede scenario), is er weinig sprake van deze kenmerken. In dat geval staat het antisociale aspect van zijn persoonlijkheid meer centraal. P. heeft dan dus nog steeds een persoonlijkheidsstoornis, alleen heeft de stoornis in dit scenario niet (of nauwelijks) doorgewerkt op het delict. Langs deze redenatie is P. dus *in grote mate of geheel toerekeningsvatbaar.*

De rechters oordelen uiteindelijk dat het niet goed mogelijk is om de twee scenario's volledig van elkaar te scheiden en gaan ervan uit dat beide persoonlijkheidsproblematieken van invloed zijn geweest. Dit houdt in dat P. op zijn minst *licht verminderd toerekeningsvatbaar* is. Zij oordelen dat de man gestraft moet worden, maar dat er ook gewaarborgd moet worden dat hij nooit onbehandeld terug kan keren in de maatschappij, wat resulteert in een onvoorwaardelijke gevangenisstraf van 28 jaar én een tbs-behandeling. Straffen én behandelen dus.

Anders Breivik is het eerst niet, daarna wel. Michael P. is het een beetje. Net als een psychische stoornis is ook de toerekeningsvatbaarheid dus geen zwart-wit fenomeen. De driepuntschaal van toerekeningsvatbaarheid (wel, niet, of verminderd) is daarom bewust zo breed en vaag. Lange tijd bestonden er vijf categorieën: volledig, enigszins verminderd, verminderd, sterk verminderd en ontoerekeningsvatbaar. Maar deze indeling suggereerde een niet waar te maken nauwkeurigheid. De toerekeningsvatbaarheid bestaat namelijk niet uit duidelijk objectiveerbare maten, maar uit wel honderd verschillende grijstinten en dat maakt de huidige onderverdeling beter duidelijk. Om dit graduele aspect verder te benadrukken hebben rapporteurs het tegenwoordig liever over de 'mate van toerekenbaarheid' dan over de 'toerekeningsvatbaarheid'.

Voor het beoordelen van die toerekenbaarheid, of de toerekeningsvatbaarheid, of hoe je het ook wilt noemen, gaan deskundigen dus stap voor stap na hoe een stoornis heeft ingewerkt op het gedrag van de moordenaar. Uiteindelijk komt het allemaal terecht in een rapport, de pro Justitia rapportage, en dan is het aan de rechters om daar een oordeel over te vellen: de juridische vertaalslag is aan hen.

Ik ben helemaal niet gek

De toerekeningsvatbaarheid wordt niet bij elke moordenaar onderzocht, alleen als er vooraf sterke aanwijzingen zijn voor invloedrijke psychopathologie. Bij de verdachten van een levensdelict wordt in ongeveer 40 procent van de strafzaken een pro Justitia rapportage opgemaakt. In het merendeel gaat men dus niet uit van een stoornis. Sterker nog, soms denkt men er überhaupt niet aan. Neem bijvoorbeeld criminele liquidaties. Meestal wordt ervan uitgegaan dat deze moordenaars niet lijden aan een psychische ziekte, maar zelf min of meer 'kiezen' voor een carrière in de onderwereld. Hierbij moeten we ook meteen een kanttekening plaatsen: nu sommige criminele bewegingen beter in beeld zijn, blijkt dat uitvoerders van liquidaties 'niet zelden' zwakbegaafde jongemannen zijn. En ook een verstandelijke beperking kan van invloed zijn op de toerekeningsvatbaarheid.

Er is nog een reden waarom niet alle moordenaars onderzocht worden: sommige weigeren om mee te werken. Veel moordenaars vinden zichzelf niet gek, laat staan dat ze naar een kliniek willen. En ook niet onbelangrijk: bij een gevangenisstraf is op de eerste dag al duidelijk wanneer het eindigt, terwijl een tbs-maatregel steeds opnieuw verlengd kan worden.

Als een moordenaar weigert, doen deskundigen meerdere pogingen om hem alsnog over te halen. Als dat niet werkt, dan kan hij opgenomen worden op een speciale afdeling in het Pieter Baan Centrum, eentje voor 'weigerachtige observandi'. Als dat ook geen oplossing biedt, dan kan alle medische dossierinformatie opgevraagd worden, ook zonder toestemming. Maar het blijft behelpen. Soms lukt het ondanks deze mogelijkheden simpelweg niet om tot een advies te komen als een verdachte weigert. Deskundigen schrijven in die gevallen wel een rapport, maar dan zonder conclusie. Waarom ze dat doen wordt duidelijk met de zaak van Julien C., een man die in 2006 in verwarde toestand een achtjarig jongetje doodsteekt op een basisschool in Hoogerheide.

C. weigert gedurende het gehele proces om mee te werken

aan forensisch onderzoek in welke vorm dan ook. Hij wil niet in gesprek met rapporteurs en werkt niet mee in het Pieter Baan Centrum. Dan komt er een rapportage uit 2004 bovendrijven, die is gemaakt nadat C. een gewapende overval op een supermarkt heeft gepleegd. De psycholoog, die hem in die tijd wél te spreken krijgt, concludeert dat er wat mis is met zijn persoonlijkheid: C. heeft een zwak normbesef, een gebrek aan angst, is impulsief en heeft de neiging om zichzelf te overschatten. Ook constateert de psycholoog dat er een grote kans is op verdere 'scheefgroei' van deze kenmerken.

Aan deskundigen wordt gevraagd om de informatie uit 2004 te beoordelen, samen met verklaringen van huisgenoten, familie, politie en observaties vanuit de gevangenis waar hij vastzit. Misschien dat er zo toch wat zinnigs over zijn psychische gesteldheid kan worden gezegd. Maar de rapporteurs zijn duidelijk: zonder eigen onderzoek kunnen zij geen uitspraken doen. Toch schrijven ze wel een rapport, waarin ze uitleggen wat er voor en wat er tegen een stoornis pleit, maar ook waarom ze zich weerhouden van conclusies.

Het is een lastige situatie. Hoe moet er worden omgegaan met de verwarde toestand van Julien C., als rapporteurs niks kunnen zeggen over een stoornis? De rechters komen met een bijzondere oplossing: volgens de wet hoeft een stoornis niet te worden vastgesteld door een deskundige. En nu de rapporteurs 'aan de grenzen komen van wat zij vanuit wetenschap nog kunnen verantwoorden', zullen de rechters hun eigen verantwoordelijkheid moeten nemen. Ze oordelen dat het in 'voldoende mate aannemelijk' is dat C. lijdt aan een stoornis én dat hij verminderd toerekeningsvatbaar is. Daarom krijgt C. niet alleen een gevangenisstraf, maar ook een tbs-behandeling.

Deskundigen die geen stoornis vaststellen, maar rechters die dat wel doen en op die manier tóch tbs opleggen. Het is een uitzondering, maar deze zaak laat goed zien hoe gelaagd en ingewikkeld de dynamiek tijdens een pro Justitia rapportage kan zijn. Misschien is de conclusie wel dat 'slecht' en 'gek' bij deze moordenaars niet los van elkaar gezien kan worden. De tweedeling – slechteriken opsluiten, mensen met een ziekte behandelen – is weliswaar overzichtelijk, maar sluit niet aan bij de realiteit. Bij de moordenaar met een stoornis zijn 'slecht' en 'gek' in elkaar verwikkeld als een kluwen wol. Zo krijgt Michael P. zowel een verplichte behandeling als een lange gevangenisstraf. Ook Julien C. moet naar de gevangenis én de kliniek. Maar Breivik krijgt die behandeling niet. Ondanks zijn stoornissen moet hij het doen met 'alleen' detentie. En ook George H. belandt achter tralies, want zijn behoorlijk afwijkende gedrag wordt niet gediagnosticeerd als psychische stoornis.

Het is dus ingewikkeld, maar misschien moeten we dat juist zien als iets positiefs. Het systeem erkent dat er moordenaars zijn die psychisch iets mankeren. Sommigen daarvan krijgen een gevangenisstraf, maar bij anderen is het zinniger om iets anders, of iets meer dan alleen detentie te bieden. Positief ingewikkeld dus.

We zijn benieuwd wat beide Van Hamels van deze omschrijving hadden gevonden.

3

HET DORP

Geruime tijd na Lotjes rapporteerervaring zoeken we opnieuw contact met Mike Sikkens, een van de deskundigen met wie Lotje meeliep. Sikkens blijkt nog even bevlogen. Ook zijn aanstekelijke enthousiasme is onverminderd aanwezig: 'Leuk om van je te horen. Ik wil je graag vertellen waarom ik al zeventien jaar in dat gekke wereldje verkeer en een dag in een tbs-kliniek kan ik prima voor je uittekenen.' En dat is precies waar we naar op zoek zijn: we willen weten wat er gebeurt als een moordenaar in een tbs-kliniek terechtkomt.

Het 'gekke wereldje' moet je volgens Sikkens zien als een dorp dat deels is afgescheiden van de normale wereld. Er wonen niet alleen moordenaars, maar ook mensen die zijn veroordeeld voor bijvoorbeeld brandstichting of seksuele misdrijven. Niet de meest ontspannen omgeving, zou je zeggen. Toch ervaarde Roselien anders toen zij er werd rondgeleid, tijdens een journalistendag die tbs-klinieken gezamenlijk organiseerden. Ze keek haar ogen uit: kunst aan de muur, bewoners hard aan het werk in de tuin en houtwerkplaats, allemaal in gewone kleren – inderdaad, net een dorp.

Ook Sikkens, die naast rapporteur ook behandelaar is in een tbs-kliniek, oogt vrij relaxed. Hij is verbonden aan de Oostvaarderskliniek in Almere, waar ongeveer honderdtwintig tbs'ers verblijven. Zo'n 5 tot 10 procent van 'zijn' patiënten is veroordeeld voor moord.

'Het is bijzonder werk dat bij je moet passen,' vertelt Sikkens. 'Over het algemeen moet je goed kunnen relativeren, maar ook een bepaalde betrokkenheid hebben. Je kunt niet als een kille cynische automaat rondlopen, dat werkt niet. Basaal moet je stevig in je schoenen staan, en van daaruit kun je enige kwetsbaarheid laten zien.'

Een groter contrast tussen Sikkens' dorp en onze werkplek, momenteel een kleine zolderkamer, is haast niet denkbaar. Tegelijkertijd verschilt zijn drijfveer niet veel van de onze: ook Sikkens heeft een fascinatie voor afwijkend menselijk gedrag. Dankzij een twaalf jaar oudere zus kreeg hij op jonge leeftijd al 'studiemateriaal'. Sikkens: 'Zij vond allerlei zwartgallige boeken en duistere films leuk en ik kreeg dat ook mee. Weinig achtjarigen zullen toegang tot dat soort materialen hebben gehad, maar ik wel, zo is het bij mij begonnen.'

Het achtjarige jongetje dat stiekem in de spullen van zijn zus snuffelde heeft het inmiddels geschopt tot hoofdbehandelaar in de tbs-kliniek. Voor ons een nieuwe wereld, voor Sikkens een doodgewone.

Niet waterdicht

In Noorwegen lopen behandelaren als Sikkens niet rond in een dorp, maar op een eiland, zo leren we uit de documentaire *Bastøy*, een kijktip van Sikkens. De film opent met een citaat:

Behandel je een mens als een beest, dan wordt het een beest.

Behandel je een mens als een crimineel, dan wordt het een crimineel.

Behandel je een mens als mens, dan wordt het een mens.

Deze drie zinnen staan symbool voor een visie die de bewakers op het Noorse eiland stuk voor stuk uitdragen, een instelling die wij ook menen te herkennen bij Sikkens.

Op Bastøy zitten onder anderen moordenaars gevangen. Of nou ja gevangen: ze kunnen gaan en staan waar ze willen, wonen in blokhutten en de bewakers hebben geen wapens. En dat terwijl de gedetineerden aan het werk zijn met kettingzagen. Toch zijn er nauwelijks incidenten en resulteert de 'eilandstraf' in lage recidivepercentages.

Hoe zorgen we ervoor dat we moordenaars zó behandelen, dat ze niet nog een keer de fout in gaan? Na het kijken van de documentaire lijkt zo'n vreedzaam eiland een goede oplossing. Nu zitten de eilanden in Nederland al bomvol met toeristen, maar 'ons' systeem, de tbs, is ook humaan en effectief.

Beide stelsels hebben een vergelijkbare insteek: net als het eiland heeft tbs als doel om de risicofactoren die hebben bijgedragen aan de moord te bewerken. Door goed te kijken hoe, wanneer en waarom het is misgegaan, probeer je te voorkomen dat het in de toekomst nog een keer fout gaat. Sikkens: 'In een ideale wereld zou tbs onnodig zijn, maar er zijn nou eenmaal mensen die vreselijke dingen doen vanuit een stoornis. En tbs is effectief. Misschien is er zelfs wereldwijd niet echt iets beters.'

In ongeveer 6 procent van alle levensdelicten wordt tbs opgelegd. Er zijn twee vormen van tbs: een met verpleging en een met voorwaarden. Bij tbs met verpleging verblijft de moordenaar eerst twee jaar in een tbs-kliniek, zo'n kliniek waar Sikkens werkt. Deze maatregel kan de rechter steeds met één of twee jaar verlengen.

Bij tbs met voorwaarden hoeft de moordenaar niet naar zo'n tbs-instelling. Wel moet hij zich aan bepaalde voorwaarden houden, zoals een psychiatrische behandeling en onthouding van drugs of alcohol. De reclassering houdt hier toezicht op. Als onderdeel van de psychiatrische behandeling verblijft deze tbs'er bijvoorbeeld in een verslavingskliniek of in een forensisch psychiatrische kliniek. Als de voorwaarden worden geschonden, kan de rechter de tbs alsnog omzetten in tbs met verpleging.

Het aantal zeer ernstige misdrijven die na afloop van de tbs-maatregel gepleegd worden, is relatief laag. Twee jaar na de behandeling pleegt ongeveer 4 procent van alle (oud-)tbs'ers een zeer ernstig misdrijf; dat zijn delicten waar een gevangenisstraf van ten minste acht jaar op staat. Ter vergelijking: bij mensen die een gevangenisstraf hebben uitgezeten ligt dat percentage rond de 7 procent. We hebben dan wel geen eiland zoals in Noorwegen, maar ons 'dorp' is er ook op gericht dat moordenaars met een stoornis niet opnieuw de fout in gaan. Natuurlijk is elke recidive die tóch plaatsvindt er één te veel, maar geen enkele waarborg is honderd procent zeker, waterdichte garanties bestaan niet. Niet in het dorp, ook niet op het eiland.

Geen ultiem redmiddel

Niet elke moordenaar met een stoornis heeft baat bij tbs. Op het moment dat wij Sikkens spreken onderzoekt hij een man die een levensdelict heeft gepleegd dat behoorlijk agressief is verlopen. In dit concrete voorbeeld werd de man fysiek bedreigd door het uiteindelijke slachtoffer. De meeste mensen zouden waarschijnlijk naar binnen vluchten en 112 bellen. Deze man niet. Hij heeft het zelf 'geregeld'. Dit 'oplossende vermogen' is er van jongs af aan (letterlijk) ingeramd. De man heeft nooit geleerd om tot tien te tellen, of om hulp te vragen. Daardoor gaat hij sneller over tot geweld dan anderen.

Sikkens concludeert dat de man lijdt aan een persoonlijkheidsstoornis. Maar niet alleen zijn stoornis maakte hem zo agressief, ook de context waarin hij was beland speelde een belangrijke rol. Volgens Sikkens moet de man dan ook vooral leren om dit soort situaties in de toekomst te voorkomen. Daar is geen tbs voor nodig: dat kan ook met andere begeleiding. Sikkens adviseert daarom geen tbs, maar een minder zware zorgmaatregel. Hij vindt het nog wel spannend of zijn advies wordt overgenomen door de rechtbank. 'Het is niet altijd goed uit te leggen dat iemand die heel ernstige delicten pleegt, geen tbs nodig heeft. Tbs is vaak nuttig, maar het is geen redmiddel voor van alles en nog wat, hoe graag we dat soms ook willen.'

Er zijn drie wettelijke vereisten voor tbs: er moet sprake zijn van een 'gebrekkige ontwikkeling of ziekelijke stoornis van de geestvermogens', het moet gaan om een ernstig delict én er moet sprake zijn van gevaar. Maar in tegenstelling tot de wet, is de praktijk – je raadt het al – een stuk minder zwart-wit. Dit komt pijnlijk naar voren na een verschrikkelijke middag in herfst van 2007, als een drieëntwintigjarige vrouw haar eenjarige dochtertje over de reling van de vierde verdieping in de Amsterdamse Bijenkorf gooit. De vrouw springt er vervolgens zelf achteraan. Het meisje overleeft het niet, de moeder raakt zwaargewond. Later, in de rechtszaal, verklaart de vrouw dat ze ervan overtuigd was dat haar dochter het leven moest laten: 'De ene optie was dat satanisten mij en mijn dochter zouden vermoorden en God mag weten wat ze met mijn dochter gingen doen. Ik dacht dat ze achter mijn dochter aan zaten. De andere optie was dat ik het zelf zou doen zodat ze geen pijn zou hebben.'

Moet deze vrouw tbs opgelegd krijgen? De casus voldoet aan de tweede eis: het is immers een ernstig misdrijf. Maar of er wordt voldaan aan de andere twee tbs-eisen, de psychische stoornis en het gevaar, is een stuk minder evident. De vrouw wordt meerdere keren onderzocht, door maar liefst zes deskundigen. Allemaal zijn ze het erover eens dat de vrouw tijdens de afschuwelijke gebeurtenis een psychose heeft. Maar de ene psychose is de andere niet…

Het eerste paar rapporteurs vindt dat de psychose onderdeel is van een borderline persoonlijkheidsstoornis. Vanuit deze stoornis bekeken achten zij de kans op een nieuw incident groot, wat maakt dat zij tbs adviseren: er is een stoornis, een ernstig delict én er is sprake van gevaar.

De vrouw en haar advocaat kunnen zich hier absoluut niet in vinden en zorgen ervoor dat een nieuw paar rapporteurs wordt aangerukt. Met succes, want volgens deze deskundigen is er *geen* borderline persoonlijkheidsstoornis. Zij menen dat de psychose veroorzaakt is door psychoactieve stoffen in de afslankpillen die de vrouw gebruikte. Er was dus wel een stoornis tijdens het delict, maar die is er nu niet meer. Ook schatten zij de herhalingskans laag in, want de vrouw laat het wel uit haar hoofd om die pillen opnieuw te slikken. De conclusie: geen stoornis, geen gevaar, dus ook geen tbs. Wel vinden deze rapporteurs het nodig dat ze enige psychische en sociale hulp krijgt om haar leven weer op te pakken.

Volgens de rechters is het eerste onderzoek beter onderbouwd en daarom krijgt de vrouw tbs. Opnieuw maken de vrouw en haar advocaat bezwaar.

Een derde onderzoek volgt, dit keer in het Pieter Baan Centrum. Na observatie blijken er onvoldoende kenmerken voor een borderline persoonlijkheidsstoornis, maar ook voor de hypothese uit de tweede rapportage is te weinig onderbouwing. Daarom weten deze onderzoekers ook niet of ze tbs moeten adviseren, dus daar onthouden zij zich van. Als je het simpelweg niet weet, kun je er ook geen advies over geven.

Uiteindelijk oordelen de rechters dat ondanks alle onzekerheid wél vaststaat dat er nu geen sprake meer is van een stoornis. Daarnaast is er geen gevaar meer, de andere wettelijke vereiste voor tbs. Met andere woorden: geen stoornis, geen gevaar, dus ook geen tbs. Zo verschuift het advies in het strafproces van tbs, naar een andere vorm van behandeling, naar uiteindelijk helemaal geen maatregel. Na bijna drie jaar detentie wordt de vrouw in september 2010 vrijgelaten.

Het dorpsleven

Daders die wél in tbs terechtkomen hebben verschillende diagnosen: van psychotische stoornissen tot persoonlijkheidsproblematiek, van verslaving tot stemmingsstoornissen, van ADHD tot traumagerelateerde stoornissen. Maar er is één belangrijke overeenkomst: er wordt toegewerkt naar resocialisatie. Dat betekent dat de patiënten onder strakke begeleiding heel geleidelijk weer de samenleving ingaan – voor zover dat mogelijk is. En dan is het dus de bedoeling dat het gevaar verminderd is. Daar wordt aan gewerkt met verschillende behandelingen, allemaal gedocumenteerd in het 'behandelplan'. Dit bestaat bijvoorbeeld uit gespecialiseerde therapieën, zoals cognitieve gedragstherapie, traumabehandeling, of psychomotorische therapie. Hiervoor is wel enige motivatie nodig en dat is vaak een probleem, want veel tbs'ers zijn volstrekt ongemotiveerd voor inhoudelijke behandeling, zeker direct na hun veroordeling.

Je moet nu trouwens niet denken dat ze simpelweg niet willen. Vaak kúnnen ze het niet, zo vertelt Sikkens ons. Het merendeel van Sikkens' patiënten is psychologisch gezien erg beschadigd. Door traumatische ervaringen en onveilige thuissituaties hebben zij hun persoonlijkheid niet goed kunnen ontwikkelen. Zo kampen velen met een laag zelfbeeld: ze vinden dat ze het niet waard zijn om aan zichzelf te werken. Anderen hebben alle hoop op verbetering al lange tijd geleden opgegeven. Sikkens: 'Het lukt ze zelden om de behandelmotivatie uit zichzelf te halen, om er echt uit eigen beweging wat van te maken. Maar ze zetten zich uiteindelijk vaak wél in voor iemand anders, iemand aan wie ze zich hebben gebonden gedurende het traject. Een persoon die langdurig met ze bezig is, ze goed heeft leren kennen en daardoor op het juiste moment de goede dingen zegt.'

De functie van zo'n persoon maakt eigenlijk niet uit. Sikkens hoort van alles: de werkmeester, het afdelingspersoneel, de geestelijk verzorger. Als hij aan een patiënt vraagt wat hem het meest heeft geholpen in het behandeltraject hoort Sikkens bijna altijd een naam, zelden een specifieke therapie. En zo kan het uiteindelijk toch lukken om een behandeling te laten slagen. Het is dus te begrijpen waarom het behandelplan van Sikkens' patiënten niet alleen over therapietechnieken gaat. Minstens even belangrijk zijn werkplekken die op maat kunnen worden afgestemd, onderwijsmogelijkheden en bijvoorbeeld begeleid sporten – manieren om de tbs'ers zo goed mogelijk te leren kennen en uiteindelijk gemotiveerd te krijgen om tóch aan zichzelf te werken.

In het merendeel van de gevallen start de tbs-behandeling pas ná een gevangenisstraf. Dan wordt er dus begonnen met het in kaart brengen van risicofactoren die jaren geleden speelden. Is dat geen mosterd na de maaltijd? Kun je zoiets niet veel beter in het begin doen, direct na het delict?

Dat vroeg Sikkens zich aan het begin van zijn werkzame leven ook af. Maar gaandeweg zag hij in dat dit niet altijd de verkeerde volgorde is. Want ook in de gevangenis zijn gesprekspartners aanwezig die patiënten kunnen motiveren, denk aan het afdelingspersoneel, geestelijk verzorgers, of werkbegeleiders. En ook in detentie kunnen patiënten op vrijwillige basis starten met begeleiding en behandeling. Het gebeurt zelfs wel eens dat ongemotiveerde patiënten zonder middelbareschooldiploma in de gevangenis terechtkomen, dat diploma tijdens hun straf alsnog halen en dan aan het einde van de detentieperiode gemotiveerd met een tbs-traject verder gaan. Maar deze vlieger gaat niet altijd op: er zijn ook gevangenen die in vijftien jaar detentie niet veel meer doen dan op bed liggen en een rondje lopen tijdens het luchten. En zij hebben er bij de start van de tbs nog altijd totaal geen zin in.

Gemotiveerd of niet, na het uitzitten van de gevangenisstraf komt elke tbs'er in het dorp terecht, een moment waarop Sikkens altijd extra scherp is. Voor daders met narcistische persoonlijkheidsproblematiek, iets dat hij veel tegenkomt, is het startpunt bijvoorbeeld cruciaal. Sikkens: 'Dat zijn vaak mensen met een basaal wantrouwen naar anderen, en daar moet je goed op afstemmen. Je moet meteen betrouwbaar zijn, ze niet overvallen met dingen waar ze eigenlijk nog niet aan toe zijn.'

Dat 'betrouwbaar zijn' zit in kleine dingen. Bij deze groep maakt Sikkens bijvoorbeeld nadrukkelijk duidelijk dat behandelafspraken verstoord kunnen worden door een spoedgeval, zodat ze niet achterdochtig worden als hij een keer wordt weggebeld. Ook maakt hij vanaf het eerste moment concreet op welk moment bezoek mag komen en spreekt hij af wanneer er contact met de familie opgenomen kan worden. Sikkens: 'Dit zijn zaken waar deze doelgroep heel alert op is. Als ze merken dat mensen niet doen wat ze beloven, haken ze meteen af.'

Geen magische lijstjes

Tijdens de behandeling wordt zorgvuldig geoefend met het zetten van de eerste stapjes buiten de dorpsmuren. Of iemand daaraan toe is, bepalen de behandelaren. Tot twintig à dertig jaar geleden was dat een professional die aan de hand van eigen inzichten een inschatting maakte. Inmiddels wordt dit gedaan met behulp van wetenschappelijk onderbouwde risicofactoren, die op een systematische manier in kaart worden gebracht, allemaal volgens ongeveer dezelfde opbouw. Ze kijken naar de levensloop (was er eerder al sprake van geweld?), naar het actuele functioneren (hoe stabiel is iemand op dit moment?) en naar het traject dat gericht is op de toekomst (zijn er bijvoorbeeld problemen te verwachten op het gebied van iemands leefomstandigheden?).

Door deze wetenschappelijke insteek wordt de inschatting van het verloop van de behandeling preciezer, waardoor het ook duidelijker is wanneer iemand op (proef)verlof kan. Dankzij zulk onderzoek weten we bijvoorbeeld dat er voor het risico op geweldsdelicten niet alleen gekeken moet worden naar globale categorieën als schizofrenie of een psychose, maar vooral naar een heel specifiek onderdeel van een psychose: het krijgen van opdrachten of het horen van agressieve stemmen, ook wel de bevelshallucinaties genoemd. Alleen psychotische patiënten die de neiging hebben om naar die opdrachten te luisteren, hebben een verhoogde kans om gewelddadig te worden, zo blijkt uit de studies. Psychotische mensen zijn dus niet per definitie gevaarlijker dan anderen, iets wat voorheen vaak wel gedacht werd.

Het heeft veel voordelen dus, die wetenschappelijke ontwikkeling. Tegelijkertijd waarschuwt Sikkens ook: de 'lijstjes' zijn niet magisch, je bent als professional altijd zelf verantwoordelijk voor je inschatting. Niet iedereen met een hoog risico gaat de fout in en andersom geldt hetzelfde: een lage score is geen garantie voor veiligheid.

Dit laatste weet Sikkens als geen ander. In het voorjaar van 2019 gaat een van zijn patiënten met verlof. Terwijl Sikkens denkt dat zijn patiënt bezig is met het zoeken van een baan of dagbesteding, heeft de man heel andere plannen. Hij pleegt een moord. Sikkens: 'Dan kun je wel zeggen, er waren geen acute risicofactoren, ik heb mijn werk goed gedaan, maar zo voelt dat niet. Het is als behandelaar ontzettend zwaar als zoiets gebeurt onder jouw verantwoordelijkheid. Continu denk je: Wat heb ik over het hoofd gezien? Welke signalen heb ik gemist?'

Van een potentiële moordenaar inschatten of hij naar buiten kan, om nog maar te zwijgen over wat je voelt als de beslissing verkeerd uitpakt: Sikkens' eerdere opmerking dat het werk 'bij je moet passen' lijkt opeens een understatement. Een dikke huid, stevig in je schoenen staan en genoeg relativeringsvermogen – het is allemaal belangrijk, maar er lijkt méér nodig. Dat vindt Sikkens ook: 'Je moet vooral een duidelijke intrinsieke motivatie hebben. Werken met deze doelgroep is echt iets dat je zelf moet willen.'

Als die intrinsieke motivatie ontbreekt, kan dat schadelijke gevolgen hebben, iets dat voor Sikkens pijnlijk duidelijk werd in zijn stagetijd. Hij zag complete chaos ontstaan nadat een van zijn patiënten was overgeplaatst naar een andere tbs-kliniek. De man, veroordeeld voor uiterst gewelddadig seksueel misbruik, kwam plots oog in oog te staan met een van zijn slachtoffers – iemand uit het (nieuwe) behandelteam. Deze hulpverlener was in de tbs-wereld gaan werken omdat ze de confrontatie wilde aangaan met haar trauma's, ze wilde weten wat verkrachters beweegt. Ergens heeft Sikkens er wel begrip voor: hij snapt dat slachtoffers er alles aan willen doen om hun trauma te verwerken. Maar, zo stelt hij ook, dat is een ongezonde drijfveer, een tbs-kliniek is hier uiterst ongeschikt voor.

In the middle of nowhere

Hoelang patiënten in de tbs-kliniek blijven varieert. De rechter beslist telkens of de maatregel verlengd moet worden. Dat kan tot in het oneindige doorgaan. Iemand kan dus twee, vier of tien jaar, maar ook voor altijd in een tbs-instelling verblijven. De cijfers laten zien dat bij de helft van alle tbs'ers de behandeling binnen acht jaar afgerond is, bij de andere helft duurt de behandeling langer. Een enkele keer komt het voor dat de risico's niet voldoende afnemen tijdens tbs. Voor deze situaties is binnen de tbs ook een plek: de LFPZ, de Langdurig Forensische Psychiatrische Zorg – in de dagelijkse taal wordt dit de *longstay* genoemd. Hier verblijven patiënten die soms tot hun dood een risico met zich mee blijven brengen voor anderen, een groep waarbij de behandelaren niet zijn gekomen tot passend risicomanagement. Soms omdat patiënten niet willen meewerken, vaker omdat patiënten er niet toe in staat zijn – ze zijn uitbehandeld. Sikkens: 'Tegelijkertijd is zo'n plaatsing nooit definitief, er is wel degelijk nog uitstroom mogelijk vanuit de LFPZ.'

Er zijn in Nederland ongeveer honderd mensen opgenomen op de longstaylocaties. Een groot deel van de patiënten heeft de mogelijkheid om af en toe het terrein te verlaten voor bijvoorbeeld een boodschap of een familiebezoek. Dat kan alleen nooit zonder begeleiding en dat is met een reden: een aantal jaar geleden ging het grondig mis.

In 2010 deed een patiënt boodschappen tijdens een LFPZ-verlof. De man was in 1999 veroordeeld voor een moord. Hij verbleef op de LFPZ omdat hij niet meer te behandelen was. Maar tijdens zijn verlof ging het fout; de man stak een vrouw neer in de HEMA.

Sinds dit incident kunnen longstaypatiënten niet meer onbegeleid naar buiten. Sikkens betwijfelt of deze reactie wel zo handig is. 'Eigenlijk zetten we onszelf hiermee een beetje klem, want sommige patiënten zou je wat sneller op de longstay willen plaatsen, al dan niet tijdelijk. Dat zijn patiënten bij wie de tbs-behandeling niet van de grond komt, maar bij wie het wel verantwoord is om ze af en toe even naar buiten te laten gaan. Dat zijn vaak tbs'ers die zelf ook zeggen: laat mij naar de longstay gaan, maar ik wil wel zelf een ommetje kunnen maken.'

Een bijzondere penvriend

Eenmaal uit het dorp is de confrontatie met de gewone dagelijkse dingen vaak groot. Sommige patiënten zijn twintig jaar binnen geweest. Ze hebben bijvoorbeeld nooit een eigen woning gehad en hebben geen idee hoe ze zoiets moeten aanpakken. Ook buiten de dorpsmuren is er daarom begeleiding, door sociaal werkers en ambulant begeleiders. Juist die mensen, die met 'anderhalf been' in de maatschappij staan, wil Sikkens dichtbij houden, om te voorkomen dat ze rare dingen gaan doen. Sikkens ziet hierbij een groot belang van kleine gebaren. Af en toe even wat aandacht, een telefoontje, een mailtje, een kaartje op iemands verjaardag of aan het einde van het jaar. Hij krijgt bijna altijd iets terug. Vaak hoort hij dat zijn bericht het enige is dat ze hebben ontvangen.

Op deze manier kent Sikkens een aantal van 'zijn' patiënten al achttien jaar. Tegen *de Volkskrant* zei hij eens: 'Ik ben trots als oud-patiënten mij op eigen initiatief laten weten: ik ga trouwen, ik word vader, ik heb een betaalde baan. Maar nog trotser ben ik als ze contact zoeken en eerlijk zeggen: het gaat niet zo goed. Dan blijkt dat ze hun valkuilen erkennen, tijdig hulp zoeken en ons vertrouwen. Ze mogen altijd bellen en mailen, ook als de tbs-maatregel al ver achter ze ligt. We worden er dan niet voor betaald, maar het mag altijd.'

Geregeld nog mailtjes krijgen van iemand die een moord heeft gepleegd en risico-inschattingen maken met mogelijk een fatale afloop, binding aangaan met een crimineel en een moordenaar als penvriend – en er dán nog zo ontspannen bij zitten als Sikkens. Wij zouden het hem niet nadoen, maar kunnen zijn blik nu wel wat beter volgen. Als rapporteur en tbs-behandelaar ziet hij de mens achter de moord, hij analyseert hoe het zo ver heeft kunnen komen. Hij maakt onderscheid tussen dader en daad, maar koppelt ze niet volledig los van elkaar: hij bekijkt hoe de 'gekte' de 'dodelijkheid' heeft beïnvloed. Met behulp van Sikkens en zijn collega's hebben we meer zicht gekregen op deze uiterst complexe taak. Ondanks de afstand tussen onze zolderkamer en het dorp, is het 'gekke wereldje' nu iets dichterbij.

II

MISDRIJF OF ONGELUK?

4

ACHTER HET ZWARTE BALKJE

'Niet klappen als hij opkomt, dat is niet gepast.'

De waarschuwing van presentator Twan Huys heeft iets aparts. Nooit eerder gaf hij het publiek zo'n instructie in *College Tour,* het tv-programma waar studenten onder leiding van Huys een gast mogen interviewen. De genodigden zijn normaliter CEO's, kunstenaars, filmsterren of andere inspirerende personen (zelfs de dalai lama!), maar op 12 oktober 2012 heeft Willem Holleeder zich ertussen weten te wurmen.

Lotje zit in het publiek, maar durft niks te vragen. Holleeders verschijning is intimiderend. Bewonderend kijkt ze hoe Huys schakelt tussen student en crimineel, tussen vriendelijk en kritisch, tussen toegankelijk en afstandelijk. Even lijkt het alsof ze een klein stukje van de ware Holleeder ziet, als het gaat over de ontvoering van biermagnaat Freddy Heineken in 1983. Een dappere student staat op en zegt dat hij Holleeder niet gelooft als hij beweert dat hij Heineken heeft vastgebonden 'voor zijn eigen veiligheid'. Holleeder wordt vuurrood, maar houdt zich in, zich duidelijk bewust van de camera's.

Bijna zeven jaar later, op 4 juli 2019, wordt Holleeder veroordeeld voor het uitlokken van zes levensdelicten, allemaal gepleegd tussen 2002 en 2006. Via 'moordmakelaars' gaf hij de opdracht tot liquidaties, die uitgevoerd werden door een groep mannen – het 'moordcommando'. Volgens de rechters is Holleeder een man 'die gewetenloos meent te beschikken over leven en dood van anderen'. Hij krijgt een levenslange gevangenisstraf.

Het is misschien moeilijk te begrijpen, maar vóór 2019 smult het grote publiek van de crimineel. 'De Neus' – Holleeders bijnaam door zijn niet te missen reukorgaan – is niet alleen in *College Tour* te zien, maar verschijnt veelvuldig in de media en kan zelfs op enige sympathie rekenen. Hij heeft een wekelijkse column in de *Nieuwe Revu*, treedt op in een radioshow van Radio 538, neemt een nummer op met rapper Lange Frans en een van Holleeders delicten wordt verfilmd. *De Heineken ontvoering* krijgt drie Gouden Kalveren.

Terwijl de samenleving Holleeder vermakelijk bekijkt, beluistert en beleest, weten officieren van justitie Sabine Tammes en Lars Stempher wel beter. Zij zitten op dat moment al tot over hun oren in het strafrechtelijk onderzoek naar de – toen nog – 'knuffelcrimineel'. Op 13 december 2014 laten zij hem arresteren. 'Heel *low key*. Op een zaterdagochtend, gewoon door de platte pet. Ik vond het te veel eer om een speciaal arrestatieteam op hem af te sturen,' vertelt Tammes aan *de Volkskrant*. Holleeder ontkent alles, maar de officieren hebben in hun dossier van wel 950 ordners voldoende bewijs verzameld om een levenslange gevangenisstraf te eisen – het belangrijkst zijn de verklaringen van ruim 230 getuigen. Ze zijn onder andere van Holleeders zussen Sonja en Astrid, van Holleeders ex Sandra den Hartog en van de bekende misdaadverslaggever Peter R. de Vries.

Volgens Holleeders advocaten, Sander Janssen en Robert Malewicz, klopt de redenatie van het Openbaar Ministerie voor geen meter. *De Volkskrant* laat ook hun kant van het verhaal uitgebreid zien. Volgens de advocaten zijn de belastende verklaringen niet betrouwbaar. Astrid Holleeder zou 'een gekleurde visie op de werkelijkheid' hebben door een posttraumatische stressstoornis. En Sandra den Hartog was jarenlang verdachte in een omvangrijk witwasonderzoek. Zij zou een 'geharde' vrouw zijn en in staat zijn om 'glashard te liegen'. Ook vinden de advocaten het zeer onwaarschijnlijk dat Holleeder 'de *godfather* van de onderwereld' is. Janssen: 'Als een bekende Nederlander echt een heel grote boef is, willen criminelen niet met zo'n man gezien worden. De echte top van een criminele organisatie wil juist zo ver mogelijk uit de schijnwerpers blijven.' In een pleidooi van vijf dagen verzoekt de verdediging om vrijspraak. Hun pleitnotitie telt meer dan 2500 punten.

Het is een buitengewoon complexe zaak, waarbij de emoties hoog oplopen, het Openbaar Ministerie en de verdediging lijnrecht tegenover elkaar staan en waarbij we nooit zullen weten of dat 'gewetenloze' van Holleeder voortkomt uit een psychische stoornis. Holleeder weigert namelijk om mee te werken aan psychologisch of psychiatrisch onderzoek, daar ziet hij 'het nut niet van in'. Daarbij wil iedereen de (inmiddels) bekende crimineel zien, de publieke belangstelling voor de rechtszaak is ongekend. Rijen mensen wachten achter dranghekken van De Bunker, de zwaarbeveiligde rechtbank in Amsterdam Osdorp, voordat een zitting begint. Om zeker te zijn van een plaats op de publieke tribune staan ze er al uren, sommigen al vanaf drie uur 's nachts.

Het is aan de rechters om het proces in goede banen te leiden. Na meer dan zestig (!) zittingsdagen komen ze tot hun oordeel. Elke keer als we het moment van de uitspraak in 2019 terugkijken zitten we opnieuw op het puntje van onze stoel. Via het beeld kunnen we de beladen sfeer haast voelen. 'Levenslang of vrijspraak?' roept de RTL-Nieuws verslaggever, vlak voordat er wordt overgaan op de liveverbinding – de opwinding is in zijn stem te horen.

Nadat hij zijn uitspraak heeft gedaan, kijkt rechtbankvoorzitter Frank Wieland Holleeder aan. Dan klinkt er applaus in de rechtszaal. Wieland stopt het gejuich direct met: 'Dat lijkt me niet nodig' en sluit de zitting. Vervolgens horen we geschreeuw, het is een gil van opluchting van een van de nabestaanden. Opnieuw blijft Wieland in zijn rol en reageert kalm: 'Mag die mevrouw even naar buiten worden geleid?'

Na 950 ordners, 2500 punten en meer dan zestig zittingsdagen klinkt voorlopig de laatste hamerslag in de zaak-'Vandros', de naam van het strafrechtelijk onderzoek naar Holleeder. En hiermee verandert het collectieve beeld van Holleeder voorgoed. Van een knuffelcrimineel is geen sprake meer, we zien nu een gewetenloze moordenaar. De romantiek is vervlogen, de metamorfose onomkeerbaar. De harde werkelijkheid is nu ook tot de samenleving doorgedrongen: Holleeder is geen charmeur. Geen columnist. Geen radiopresentator. Geen rapper. En al helemaal geen voorbeeld voor studenten.

Paradoxaal genoeg wordt de 'echte' Holleeder pas zichtbaar als hij niet meer in de openbaarheid te zien is. Zijn ware gezicht wordt ons getoond als het afgeschermd is door een zwart balkje – als het strafrecht aan zet is. Met andere woorden: de publiekelijke Holleeder wordt ontmaskerd door mensen die niet bij het grote publiek bekend zijn: de politie, officieren van justitie, strafrechtadvocaten en strafrechters. Hoe doen zij dat? Hoe kijken zij naar de échte moordenaar? Hoe was het gelopen als Holleeder wél psychisch was onderzocht? Hoeveel invloed heeft een psychische stoornis op hun strafrechtelijke blik?

5

VAN ACHTERVOLGEN TOT VERVOLGEN

'Als een lichaam gevonden wordt, weet je eigenlijk nog niets. Je weet alleen dat er iemand dood is.'

Paul van de Beek werkte jarenlang als hoofdofficier van justitie in Rotterdam. Hij heeft ruimschoots ervaring met de meest vreselijke moordzaken, maar de man die we nu voor ons zien is geen cowboyachtig type. Met een vriendelijke zachte stem en een natuurlijke rust neemt hij uitgebreid de tijd om ons mee te nemen in de wereld van het vervolgen en aanklagen, ontlastend en belastend bewijs, aanhoudingen en verhoren, waardoor de afgeschermde wereld achter de rood-witte linten voor ons steeds zichtbaarder wordt.

Van de Beek spreekt niet over 'ontoerekeningsvatbare moordenaars', al is hij er in zijn carrière meerdere tegengekomen. Als zijn werk begint, is namelijk nog niet bekend of er sprake is van een 'moordenaar', laat staan van een 'stoornis' – het gaat om iemand die verdácht wordt van een levensdelict. Of het een moord is geweest en of een stoornis invloed heeft gehad, moet nog maar blijken. Dit wordt pas ná de uitspraak duidelijk, de rechter is degene die hier uiteindelijk over oordeelt. Bij Holleeder hebben we gezien dat zo'n proces jaren kan duren. Jaren waarin officieren bewijs verzamelen en strafrechtadvocaten datzelfde bewijs van een totaal andere kant bekijken. En er zijn nog veel meer mensen betrokken bij dit strafrechtelijke onderzoek, het onderzoek dat antwoord moet geven op de vraag: is er sprake van een moord of niet?

Het startschot: de officier van justitie

'Gelet op de ligging, de kleur en de hals durf ik niet te zeggen of het een natuurlijke dood betreft.' Door een dergelijk telefoontje weet Van de Beek dat het, op dát moment, om een onnatuurlijke dood gaat. Als er een lichaam wordt gevonden, komt de lijkschouwer onmiddellijk naar de plek des onheils. Hij rapporteert onafhankelijk van de politie aan de officier – het startschot van het moordonderzoek.

De officier van justitie geeft niet alleen leiding aan dit onderzoek, hij begeleidt de zaak ook naar de rechtszaal als het onderzoek is afgerond. Op zitting legt de officier stap voor stap uit waarom hij vindt dat moord voldoende bewezen is: de bewezenverklaring. Daaraan koppelt hij een strafeis. Hij komt zo op voor het belang van de samenleving, voor het slachtoffer en de nabestaanden. In Nederland heeft de officier dus twee hoofdtaken: eerst is hij leider van het opsporingsonderzoek, daarna is hij openbaar aanklager.

Van de Beeks eerste 'moordzaak' speelt al vroeg in zijn carrière, nog tijdens zijn opleiding tot officier. Hij werkt op dat moment in de Achterhoek, waar volgens hem eigenlijk nooit wat gebeurt. Opeens krijgt hij een alarmerend telefoontje: er zou een moord gepleegd zijn. Zonder te aarzelen stapt hij bij zijn supervisor in de auto. Samen gaan ze ter plaatse. Opgewonden vraagt hij de politie wat voor onderzoek er al is verricht. Het antwoord: 'Nou, nog niks, ik heb alleen een rood lint gespannen, jij bent toch de leider opsporing?' Enigszins bedremmeld stapt Van de Beek de woning in. Binnen tien minuten komt hij erachter dat het tóch niet om een levensdelict gaat. Het slachtoffer heeft een epilepsieaanval gehad en is gestikt in zijn eigen braaksel. Van de Beek: 'Heel tragisch natuurlijk, maar absoluut geen moord.'

Zijn wereld wordt anders als hij in de jaren tachtig als officier aan de slag gaat in Rotterdam. In een van zijn eerste weekenddiensten zijn er meteen twaalf lijken. Een gezinsmoord waarbij vijf mensen om het leven zijn gekomen. Een vrouw van wie men dacht dat het om een roofoverval ging, maar dat blijkt achteraf een ongeluk: ze is 'gewoon' van de trap gevallen. Er zijn ook drie euthanasiegevallen, dat is in die tijd nog relatief zeldzaam. En dan is er nog een ander familiedrama waarbij twee kinderen zijn gedood en de vader zichzelf heeft opgehangen. Na dat weekend zegt Van de Beek tegen zijn vrouw: 'Als dit de Rotterdamse praktijk is, moet ik misschien weer terug naar de Achterhoek...' Gelukkig is deze dienst een uitzondering. Van de Beek blijft zitten waar hij zit en is uiteindelijk bijna dertig jaar werkzaam in Rotterdam.

Tijdens zo'n moordonderzoek gebeurt er veel tegelijk. Op de plaats delict start een gespecialiseerde afdeling van de politie het forensische onderzoek. Overal verschijnen van die witte tenten. Bloedspetters, wapens en andere relevante sporen worden veiliggesteld en geanalyseerd. En er wordt bijvoorbeeld gekeken naar de houding van het lichaam en de kogelgaten in het raam.

Vanuit het politiebureau worden piketdiensten gedraaid. Sommige rechercheurs werken het klokje rond. Er is bijvoorbeeld een team dat het digitale spoor naloopt, een team dat het relationele spoor controleert en een team dat alle binnenkomende informatie coördineert. Omdat elk detail belangrijk kan zijn, wordt vrijwel niks overgeslagen: als een getuige in een bijzin zegt dat hij op een parkeerplaats een appeltje heeft gegeten, wordt er gekeken of het klokhuis nog te vinden is. Van de Beek kan het zich nog goed herinneren: met vaak wel veertig rechercheurs kwam hij dagelijks bij elkaar om de vorderingen van de laatste vierentwintig uur te bespreken en om te bepalen wat er verder moest gebeuren.

In alle fases van het moordonderzoek werkt de officier nauw samen met de politie. Grof gezegd is de politie verantwoordelijk voor de kwaliteit van het onderzoek, de techniek en alles wat daarbij komt kijken. De juridische legitimiteit van de ingezette onderzoeksmethoden hoort weer bij de taak van de officier. Niet alles wat een moordzaak verder helpt, is namelijk toegestaan: er zijn wetten over wat wel en niet mag. Verhoren mogen niet eindeloos duren en je mag bijvoorbeeld niet met een lamp in het gezicht van de verdachte schijnen.

Van de Beek waardeert deze *checks and balances* in het systeem. 'Kijk, de politie let zelf ook op. Maar omdat de officier erop aangesproken kan worden door een rechter, kijkt hij net op een andere manier.'

Zo heeft Van de Beek ooit een verhoor laten stoppen, terwijl de verdachte aan het bekennen was én het een doorbraak was in een ingewikkelde zaak. Maar Van de Beek wist dat de maximale tijd om iemand achter elkaar te verhoren verstreken was, dus hij stopte. Hij wilde niet dat de bekennende verklaring ongeldig zou worden bevonden.

Ondertussen worden ook de gebeurtenissen rondom de dood van het slachtoffer uitgebreid onderzocht. Routes worden nagelopen, autoritten opnieuw gereden en getimed. Computers worden uitgelezen, verwijderde foto's teruggehaald, locaties geregistreerd. Een geleid leven wordt zo precies mogelijk in kaart gebracht. Dit allemaal om meer zicht te krijgen op wat er is gebeurd. En om bewijsmateriaal te verzamelen, materiaal dat moet uitwijzen of we te maken hebben met een moord.

'Er is niets zo slecht voor je privacy als vermoord te worden,' zegt Antine van Nederpelt, vanaf de jaren negentig werkzaam als officier van justitie. Zij herinnert zich de grondigheid en intensiteit van het moordonderzoek nog als de dag van gisteren.

'Vooral het begin is heel chaotisch. Na een telefoontje vertrek je gelijk naar het politiebureau zonder te weten wanneer je weer terugkomt. Met een klein beetje informatie neem je grote besluiten. Je ziet alleen het staartje van de olifant zal ik maar zeggen. Dus je moet op die momenten heel directief zijn. Als ik in die tijd thuiskwam zat ik meestal nog steeds in die modus. Mijn kinderen zeiden dan: "Mam, doe even rustig, je bent nu niet meer op het politiebureau."'

Net als Van de Beek heeft Van Nederpelt genoeg bloederige narigheid meegemaakt, maar wij praten niet met een geharde, strenge vrouw. Ze heeft eerder iets zachtaardigs door de empathische en betrokken manier waarop ze terugblikt op haar werk.

Na al die jaren zijn er nog steeds zaken die haar niet loslaten. Zo is er ooit een moord gepleegd bij een benzinestation langs de A13. Het ging om een homoseksuele man die contact had gezocht via internet en zo de verkeerde was tegengekomen. Maar wie dat was, is nog steeds een raadsel. Van Nederpelt: 'Altijd als ik erlangs kom denk ik: Wat is hier nou toch gebeurd? En nog steeds komt het af en toe in een flits voorbij. Het voelt alsof ik de puzzel niet heb opgelost, alsof ik de wedstrijd heb verloren.'

Ondanks de heftigheid en frustratie van sommige moordzaken vond Van Nederpelt haar baan als officier geweldig. Dat komt vooral door de dynamische manier van werken. 'Eerst wilde ik rechter worden, misschien ook omdat ik mij niet zoveel voor kon stellen bij een vrouwelijke officier, in mijn tijd waren de meeste officieren man. Maar ik kwam erachter dat het rustige en reflectieve van de rechtspraak niet bij mij past. De hele dag in een kamertje zitten, je tanden stukbijten op een bloedmoeilijk dossier... Ik zou er doodongelukkig van worden. Ik wil reuring, van tevoren niet weten hoe je dag gaat lopen, schaken op verschillende borden tegelijk.'

Ook wijzelf hebben het niet per se op een kantoorbaan van negen tot vijf. Maar tijdens je werkdag van het ene op het andere moment tot over je oren in een moordzaak zitten, is dan wel weer het andere uiterste. Het werk ging Van Nederpelt dan ook niet in de koude kleren zitten.

De eerste moordzaak waarmee zij te maken heeft, is tijdens haar officierenopleiding. 'Mijn supervisor zei dat er lichamen gevonden waren en vroeg of ik meeging. Zonder erover na te denken stapte ik in de auto. Opeens stond ik in een kamer waar twee kinderen en een moeder lagen. Alleen de vader leefde nog, maar hij had net een zelfmoordpoging gedaan. Echt waanzinnig heftig.'

Van Nederpelt ziet het weer helemaal voor zich. Als verdoofd loopt ze rond, terwijl ze zich zo veel mogelijk afsluit van haar gevoelens. Maar op het moment dat ze het verlanglijstje van een van de kinderen ziet liggen, breekt haar emotionele schild dwars doormidden. 'Ik kan me nog herinneren dat ik dacht: Dat hoeft niet meer.'

We krijgen er een brok van in onze keel. Wij kunnen ons moeilijk voorstellen hoe wijzelf zouden reageren in zo'n situatie – laat staan dat het bij je werk hoort. Voor officieren, rechercheurs en politieagenten is het de praktijk. En helaas is dat niet altijd zonder schadelijke gevolgen. Joeri Sterringa, politieagent in het centrum van Amsterdam, schrijft in zijn boek *Van diender tot patiënt* openhartig over de impact van zijn politiewerk. Gedetailleerd legt hij uit hoe de moord op een twaalfjarig meisje, een zaak waar hij in 2009 als agent bij betrokken is, hem compleet uit evenwicht brengt. Na de bewuste dienst ontwikkelt Sterringa terugkerende nachtmerries waarin hij het meisje tevergeefs probeert te reanimeren. Daarnaast krijgt hij herbelevingen: haar levenloze lichaam, de bebloede vloer en zijn geschrokken collega's dringen zich op de meest onverwachte momenten aan hem op, net als de snerpende schreeuw van het bovenbuurmeisje. Het maakt van Sterringa een ander mens. Als zijn vrouw een stoel of kopje scheef zet, ontploft hij van woede. In de supermarkt geeft hij iemand die te dichtbij komt bijna een stomp. En ook de deur in zijn huis overleeft zijn buien niet: op een middag is hij zo boos dat hij er een stoel dwars doorheen schopt. Meer dan tien jaar later vertelt Sterringa aan *Het Parool* dat hij er inmiddels mee om kan gaan. Hij heeft de gebeurtenissen dankzij traumatherapie, medicatie en de steun van zijn gezin een plek kunnen geven. Maar zijn openheid laat goed zien dat moordzaken nooit 'gewoon' werk zijn – hoe ervaren je ook bent.

Het bewijs: van database tot deskundige

In alle moordzaken speelt het bewijs een cruciale rol: met behulp van getuigenverklaringen, camerabeelden, vingerafdrukken en DNA-onderzoek wordt driftig gezocht naar antwoorden. Maar concreet bewijs betekent niet altijd dat er ook duidelijkheid komt: een 'hete hit' maakt nog geen moordenaar. Zo is er in 1999 voor het eerst zo'n hit in een Nederlandse moordzaak. Er zijn haren gevonden in de woning van de doodgestoken Cees van der Wiel, haren waarvan het DNA matcht met dat van een zekere Durgane M. Deskundigen weten het zeker, of nou ja, zo goed als zeker: de kans dat het *niet* van M. is, is kleiner dan één op één miljoen.

Cees van der Wiel blijkt actief te zijn geweest in het chatboxcircuit. Via de 'babbelbox' doet hij zich voor als ene Cyntia en lokt zo mannen naar zijn flat. Hij belooft de bezoekers seks onder één voorwaarde: ze moeten zich laten blinddoeken. De mannen krijgen dus de schrik van hun leven als ze na de daad geen Cyntia, maar Cees in de ogen kijken: geen mooie jonge vrouw, maar een bijna vijftigjarige man. De officier vermoedt dan ook dat deze 'verrassing' M.'s motief is geweest.

Maar M. ontkent ook maar iets met de moord te maken te hebben. Hij is nog nooit in de flat geweest en heeft geen idee wat een babbelbox is. Daarbij spreekt hij nauwelijks Nederlands, dus chatten met ene Cyntia zat er voor hem niet in. Hoe die haren in de woning terecht zijn gekomen kan M. niet verklaren. 'Die zijn toch niet door de brievenbus naar binnen gewaaid,' zegt misdaadverslaggever Peter R. de Vries nog gevat, die een uitzending maakt over de 'babbelboxmoord'. Maar De Vries eindigt zijn uitzending genuanceerd: een DNA-treffer wil nog niet zeggen dat het bewijs rond is. Het toont alleen aan dat de haren afkomstig zijn van M., níét dat hij de moord heeft gepleegd. Deze nuance blijkt terecht. Niet veel later wordt M. vrijgesproken omdat nieuw DNA-onderzoek een andere dader aanwijst.

Ook bij de dood van de elfjarige Nicky Verstappen staat een DNA-match ter discussie. In 2018, twintig jaar na Nicky's dood, wordt Jos B. dankzij grootschalig DNA-onderzoek aangehouden in Spanje. Hij wordt verdacht van het doden en misbruiken van de jongen. Maar nadat B. wordt geconfronteerd met de DNA-match blijft hij ontkennen dat hij Nicky iets heeft aangedaan. Hij zou Nicky 'enkel' dood hebben aangetroffen, daarna zou hij de kleding van het jongetje 'gefatsoeneerd' en 'een beetje rechtgetrokken' hebben. Misschien niet de meest geloofwaardige verklaring, maar op deze manier proberen B. en zijn advocaat het DNA-materiaal te verantwoorden – een match betekent immers niet automatisch dat B. de dader is. De rechters zijn niet overtuigd. Daarbij vinden forensisch deskundigen het sporenbeeld passen bij misbruik, niet bij een onschuldig oppervlakkig contact. B. wordt veroordeeld voor het doden en misbruiken van Nicky Verstappen.

Zowel de 'babbelboxmoord' als de zaak van Nicky Verstappen laten zien dat een DNA-match niet meteen bewijst dat er sprake is van moord: M. wordt vrijgesproken, B. wordt veroordeeld voor doodslag – niet voor moord. Tegelijkertijd verdwijnt de echte moordenaar van Cees van der Wiel achter tralies door andere DNA-sporen en dankzij het grootschalige DNA-onderzoek wordt B. na jaren uit Spanje geplukt. DNA-bewijs is dus onmisbaar in het oplossen van moeilijke en ingewikkelde moordzaken, maar een hete hit betekent niet meteen dat de moordenaar er gloeiend bij is.

Er is nog iets wat we in ons achterhoofd moeten houden bij 'keihard' bewijs: soms blijkt het 'zachter' dan gedacht. In elke zaak moet bewijs namelijk door iemand geïnterpreteerd worden. En ook in gruwelijke, onmenselijke moordzaken is niets menselijks ons vreemd: mensen maken fouten.

Dit kan zelfs gebeuren bij de FBI. Na de terroristische aanslagen op het openbaar vervoer van Madrid in 2004 worden vingerafdrukken gevonden op een plastic tas – waarschijnlijk een van de 'bomtassen'. De FBI haalt een digitale print van de vingerafdruk door haar database en het systeem begint direct te piepen. Als daarna nog twee experts de vingerafdruk verder analyseren is er geen twijfel meer: de match met Amerikaan Brandon Mayfield is 'honderd procent' zeker. Mayfield, een zevenendertigjarige advocaat, wordt gearresteerd. Maar dan vindt de Spaanse politie óók een match. Volgens hen is de vingerafdruk niet van Mayfield, maar van Daoud O., een Algerijn. Na verder onderzoek lijkt deze tweede DNA-match nóg beter te passen. Mayfield wordt vrijgelaten en ontvangt een schadevergoeding van twee miljoen dollar – dat dan weer wel.

De Engelse onderzoeker en psycholoog Itiel Dror doet er nog een schepje bovenop. Als het 'Mayfieldschandaal' al lang en breed wereldwijd bekend is, doet Dror een experiment. Hij geeft vijf ervaren experts de opdracht om het werk van de FBI over te doen: ook zij moeten de vingerafdrukken uit de Mayfield-zaak beoordelen. Tenminste, dat dénken ze. In werkelijkheid turen ze naar vingerafdrukken die ze eerder, in een andere context, al hebben beoordeeld én waarvan ze *toen* concludeerden dat ze een match vormden: jawel, een honderd procent zekere match. De pijnlijke uitkomst: als de experts denken dat het vingerafdrukken uit de Mayfield-zaak zijn, oordelen de meesten dat de vingerafdrukken *niet* op elkaar lijken. En dat terwijl ze in een andere context de tegenovergestelde conclusie hebben getrokken, over *precies dezelfde* vingerafdrukken. Drors conclusie: zelfs bij de interpretatie van 'hard' bewijs als een vingerafdruk speelt de context een belangrijke rol, een grotere rol dan we meestal erkennen. 'Vingerafdrukken liegen niet, maar ze spreken ook niet,' schrijft Dror. 'Het zijn mensen die de vingerafdruk moeten beoordelen, en mensen zijn feilbaar.'

Een eerlijk proces: de strafrechtadvocaat

Dat bewijs niet altijd zaligmakend is, weet strafrechtadvocaat Job Knoester als geen ander. Al meer dan zevenentwintig jaar staat hij cliënten bij die verdacht worden van moord, doodslag of zedendelicten. Als we Knoester spreken, zijn we ergens opgelucht dat we niet tegenover hem staan in de rechtszaal. De advocaat heeft wat weg van een straatvechter, vooral door de enorme vasthoudendheid die doorklinkt in zijn stem zodra hij het woord heeft. Tegelijkertijd gaat er iets zachts van Knoester uit, vooral als het over zijn cliënten gaat. 'Er zit zoveel meer achter een persoon dan die gruwelijke moord. Zeker als mensen iets gedaan hebben vanuit een emotie of stoornis.'

Vanuit de samenleving kan Knoester niet bepaald op begrip rekenen. Regelmatig krijgt hij bedreigingen, variërend van 'vieze vuile rat' tot 'ze zouden je keel moeten doorsnijden' of 'ze zouden je dochter moeten verkrachten', vertelt hij aan het *Brabants Dagblad*. Ze wensen hem van alles toe totdat ze zelf een advocaat nodig hebben, weet hij uit ervaring. Pas dan voelen zij het belang van zijn werk, want alleen mét een strafrechtadvocaat is het proces eerlijk – en dat is Knoesters drijfveer.

Niet alleen de bedreigingen maken het werk zwaar. De strafrechtadvocaat krijgt regelmatig te maken met de meest afschuwelijke details. Zo moest hij ooit een man verdedigen die een baby met een strijkijzer had bewerkt. Voor elke advocaat een heftige zaak, maar in die tijd was het voor Knoester extra lastig; hij was net vader geworden. 'Toen moest ik wel even schakelen. Maar dat heb ik in de loop van de jaren wel geleerd. Ik kan goed de knop omzetten, en meestal heel snel.'

Videobellend vanuit huis neemt Knoester ons mee in zijn werkveld. Het is een klein wonder dat we hem aan zijn keukentafel treffen: door zijn drukke schema is hij bijna altijd op pad, onderweg naar de rechtbank, het gerechtshof, de gevangenis of tbs-kliniek. Knoester heeft ook een eigen kantoor, al heeft hij nauwelijks tijd om er te zitten – een halve kantoordag per week is een luxe. Zittingen bereidt hij meestal voor in de trein.

Op het moment dat wij hem interviewen zit een van zijn cliënten in voorarrest. Hij wordt verdacht van poging tot doodslag en is volgens de deskundigen volledig ontoerekeningsvatbaar. 'Vorige week heb ik ervoor gezorgd dat hij niet meer in het huis van bewaring hoeft te zitten, maar dat hij in een forensisch psychiatrische kliniek zijn proces kan afwachten. Dat zijn dingen die ik dan probeer te doen. Tegelijkertijd moet ik er meteen bij zeggen: in het segment zaken dat ik doe, de echt ernstige delicten, is dat vaak niet haalbaar.'

In al die jaren heeft Knoester vele pro Justitia rapportages voorbij zien komen. Knoester heeft niet elke deskundige even hoog zitten, hij heeft zelfs een zwarte lijst. Daarop staan 'luie' rapporteurs, die volgens Knoester veel te kort door de bocht zijn in hun conclusies. Als Knoester en zijn cliënt zich niet kunnen vinden in het advies verzoeken ze de rechtbank om een 'contra-rapportage', onderzoek door twee nieuwe deskundigen. Een enkele keer raadt Knoester aan om een pro Justitia rapportage te weigeren. Als er geen GGZ-verleden is en er geen oude rapporten over iemand beschikbaar zijn, dan kan het volgens Knoester een goede strategie zijn. Tegelijkertijd is het een risico, want je ontneemt de rechter de kans om een veel minder strenge maatregel op te leggen, zoals ambulante behandeling in combinatie met een voorwaardelijke gevangenisstraf. Dus dat bespreekt Knoester dan ook met zijn cliënten.

In zijn aanpak houdt Knoester veel rekening met de problematiek van zijn cliënt. 'Ik ben geen psycholoog of psychiater, maar ik doe mijn best.' Hier heeft Knoester zo zijn redenen voor. Ooit adviseerde hij namelijk een cliënt om te zwijgen tot hij het dossier volledig had beoordeeld. De man werd verdacht van een levensdelict. Tijdens het eerste verhoor ging alles volgens plan: de verdachte hield zijn mond. Maar toen de rechercheurs hem daarna begeleidden naar de cellengang stootten ze hem aan en zeiden iets van: 'Die advocaat van jou zegt dat je niet mag praten, maar jij laat je toch niet door iemand anders vertellen wat je moet doen? Dat kun je toch zelf beslissen?' En dat knopje deed het precies, waardoor de verdachte helemaal leegliep én Knoester zijn zorgvuldig voorbereide proceshouding moest herzien. Sindsdien stemt Knoester zijn communicatie heel precies af op het type dat hij verdedigt. Daarin gaat hij ver. 'Ik heb wel eens een cliënt met een psychose iedere ochtend naar mijn kantoor laten bellen om steeds hetzelfde advies te geven, in de hoop dat hij mij ging vertrouwen en het begreep.'

Dat Knoester meeleeft met zijn cliënten is ons wel duidelijk geworden. Hij heeft nog steeds contact met een van zijn eerste cliënten, een man die vanuit een psychose zijn vriendin om het leven bracht. 'Hij is nog een studie gaan doen, en ik kreeg laatst een foto waar hij met de minister op stond,' vertelt hij, bijna trots.

Benauwde mensenrechten: de rechter-commissaris

Na zijn nachtdienst op zaterdag 31 mei 2003 wordt arts Peter Vencken geconfronteerd met een onaangename verassing: hij wordt verdacht van moord. Tijdens de bewuste dienst wordt Vencken geroepen bij een stervende man, die hij eerst 20 milligram morfine geeft en later nog 5 milligram Dormicum. Dit heet palliatieve sedatie: een middel toedienen om pijn, angst of benauwdheid tijdens het sterven te verminderen. Tien minuten later overlijdt de patiënt. De familie is opgelucht; door het slaapmiddel is een gruwelijke verstikkingsdood voorkomen, de man heeft eindelijk rust. Vencken niet: hij moet zich als de wiedeweerga melden op het politiebureau.

De arts is totaal verrast, maar denkt nog: Ik vertel gewoon wat er is gebeurd, dan komt het vast goed. Maar niks is minder waar. Vencken wordt in hechtenis genomen omdat hij 'willens en wetens' zou hebben aangestuurd op een 'versneld overlijden'. Hij zou de patiënt 'opzettelijk en met voorbedachte raad' van het leven hebben beroofd. Oftewel: hij zou hem hebben vermoord.

In een bus met geblindeerde ramen wordt hij naar de politiecel gebracht. Vencken weet niet wat hij ziet: een kleine ruimte, 2,5 bij 2,5 meter, met daarin een dun matrasje, in de hoek een vies wc'tje en aan de muur een radio met drie zenders. Het dringt nauwelijks tot Vencken door dat de cel voor hem bedoeld is.

Na een aantal dagen wordt Vencken opnieuw in een busje gestopt, nu richting het huis van bewaring in Zoetermeer. Zijn medegedetineerden spugen tijdens het transport op de grond. Vencken denkt dat hij gek wordt. Na een paar nachten mag de arts eindelijk naar huis.

In november 2004 spreekt de rechtbank Vencken vrij: het toedienen van morfine en Dormicum valt in deze situatie onder normaal medisch handelen. Het Openbaar Ministerie gaat in hoger beroep. Bijna twee jaar na de noodlottige weekenddienst, in juli 2005, wordt Vencken opnieuw vrijgesproken. Vencken krijgt een schadevergoeding van vijftigduizend euro.

Venckens zaak laat zien hoe groot de impact is als een verdachte, iemand zónder veroordeling, wordt opgesloten. Zo is de arts onschuldig in de cel beland. Een gevangenhouding, bewegingsbeperking, opsluiting... allemaal voor niks. Deze vrijheidsberoving is niet het enige mensenrecht dat in het geding komt tijdens een moordonderzoek. Vaak moet de recherche woningen doorzoeken, telefoongesprekken tappen, of mensen volgen met observatieteams. Terwijl in de grondwet staat dat niemand je huis in mag zonder jouw toestemming, je niet afgeluisterd mag worden en je recht hebt op privacy.

Nu stormt de politie niet zomaar een huis binnen en worden telefoons niet uit nieuwsgierigheid getapt: het gaat om een moordzaak. En dit is precies het punt waarop twee fundamentele kwesties met elkaar botsen: enerzijds mag de grondwet niet overtreden worden, anderzijds moet de moordenaar gepakt worden. Hoe voorkom je dat een potentiële moordenaar vlucht en zorg je er tegelijkertijd voor dat mensen niet onterecht worden opgesloten? Wanneer mag je een verdachte wel vasthouden en wanneer niet? Hoe weet je zeker dat cruciale tips worden opgepikt, maar dat een tap die niks oplevert, niet onbeperkt doorgaat? En hoe verhinder je dat mensen onnodig bespied worden?

Daarover gaat een specifieke rechter: de rechter-commissaris.

‘Als er een lijk in een huis ligt waar gezocht moet worden belt de officier mij. Dan kom ik meteen,’ aldus Maxim Ferschtman, de rechter-commissaris die wij interviewen. Hij houdt ervan om niet alleen juridisch, maar ook praktisch te werk te gaan. Om iets ècht te zien en te ervaren en niet alleen te oordelen van papier. Het ambt is Ferschtman dan ook op het lijf geschreven. Wij spreken hem direct na zijn nachtdienst. ‘Ik heb weinig geslapen,’ glimlacht hij.

Als rechter-commissaris houdt Ferschtman toezicht op het moordonderzoek waaraan de officier van justitie leidinggeeft. Als de officier bijvoorbeeld een huis wil doorzoeken, of een verdachte wil vasthouden moet de rechter-commissaris daar toestemming voor geven – ook bij een mogelijke moord. In dat geval heeft de officier haast: de moordenaar moet gepakt worden en hij wil niet dat het wapen en andere sporen weggemaakt worden. Ferschtman geeft dan een spoedmachtiging af. Dat betekent dat de politie ‘meteen naar binnen mag stuiteren’. Ze mogen laatjes opentrekken, matrassen omhooggooien – als het nodig is kunnen ze alles overhoophalen.

In minder urgente gevallen bevriest de politie de situatie. Dan gaan ze naar binnen om de boel veilig te stellen en wachten vervolgens op Ferschtman. Bij aankomst controleert de rechter-commissaris namelijk zelf ook nog even het huis voordat hij de doorzoeking opent.

Hij gaat voorzichtig te werk, want bij zo’n doorzoeking kunnen de emoties hoog oplopen en Ferschtman wil niet dat ‘de hele boel kort en klein gaat’. Nog niet zo lang geleden stond hij recht tegenover een agressieve man wiens huis doorzocht werd. Zijn zoon was net aangehouden. ‘De man was woedend omdat er zoveel politie binnen was. En hij was ook boos op zijn zoon om wat hij nou weer had uitgespookt.’ Ferschtman gaf de bewoner de opdracht om mee te werken. ‘Ik ging naast hem zitten, probeerde oogcontact te maken. Het duurde even, maar uiteindelijk kalmeerde hij.'

Bij zo'n doorzoeking werken de politie, de officier en de rechter-commissaris nauw samen, maar de politie doet het meest risicovolle werk: 'Zij zijn de mensen met de dienstwapens. Zij maken de boel veilig en staan echt in de frontlinie. Daarna kom ik pas binnen. Haast als een soort diva.'

Als de politie de mogelijke dader te pakken krijgt, belandt hij, net als Vencken, in het arrestantencomplex op het politiebureau. Na drie dagen besluit de rechter-commissaris of het voorarrest, zo heet het opsluiten zonder veroordeling, verlengd mag worden.

'Bij bijvoorbeeld een verkrachting en moord, en dan ook nog eens een minderjarig slachtoffer, om maar even alle gruwelijkheden te benoemen, kun je je zorgen maken over wat er zal gebeuren als de verdachte vrijgelaten wordt in afwachting van zijn proces.' En ook ander gevaar kan een reden zijn om de verdachte voorlopig achter tralies te houden, zoals de dreiging van een recidive, een vluchtrisico of angst voor getuigenbeïnvloeding. In dit soort gevallen verhuist de verdachte naar zijn tweede verblijfplaats: een cel in het huis van bewaring.

Tot zijn verbazing krijgt Ferschtman geregeld te horen dat verdachten blij zijn met deze overplaatsing. 'Dat is gek, want eigenlijk heb ik besloten dat iemand niet vrijgelaten wordt, maar nog langer achter tralies moet blijven zitten.' Ferschtman denkt dat dit komt door de onrust en de kleine cel op het arrestantencomplex (denk aan Venckens eerste verblijfplaats). Ferschtman: 'Volgens mij zijn ze vooral opgelucht dat ze daar weg kunnen.'

Na twee weken in het huis van bewaring beslissen drie andere rechters (de raadkamer) of een verdachte nog langer vastgehouden mag worden. Dit kan dan nog maximaal negentig dagen, daarna moet de openbaarheid betrokken worden: deze beslissing vindt plaats in een zaal die toegankelijk is voor journalisten en ander publiek. Ferschtman: 'Het is een waarborg dat een verdachte niet maar vast blijft zitten zonder een openbare rechterlijke toets, zoals dat in sommige andere landen gebeurt.' Vanaf dit moment begint formeel de behandeling van de strafzaak. De rechters die er nu zitten, zijn ook de rechters die de zaak uiteindelijk afdoen.

Soms is het moordonderzoek na die negentig dagen nog steeds niet klaar. De verdachte moet bijvoorbeeld nog naar het Pieter Baan Centrum, of er moeten gigantisch veel getuigen worden gehoord, zoals dat het geval was bij Holleeder. Doordat het onderzoek nog niet afgerond is, kan de zaak nog niet inhoudelijk behandeld worden. In dat geval volgt er geen inhoudelijke, maar een pro-formazitting, waarin de officier de verdenking publiekelijk moet uitspreken.

Het voorarrest kan zo meer dan honderd dagen duren. Dat is niet niks, denk maar aan de onschuldige Vencken. Maar er wordt ook voorkomen dat daders als Holleeder vluchten – dat is dan weer de andere kant.

Rechters als Ferschtman wegen deze benauwde mensenrechten af tegen de soms verstikkende moordzaken. Het is geen simpele taak, al zouden wij dit bijna vergeten vanwege het gemak waarmee Ferschtman deze complexe materie doorleeft. Door zijn jarenlange ervaring lijkt dit aspect van het strafrecht voor hem zo vanzelfsprekend als ademen – zelfs als officieren en advocaten hem in zijn nek hijgen.

Dat vanzelfsprekende zien we ook bij de andere mensen die we spraken in dit hoofdstuk, terwijl ze allemaal – de politieagenten, rechercheurs, officieren, strafrechtadvocaten en rechter-commissarissen – te maken hebben met een uiterst weerbarstige werkelijkheid. Haast tussen neus en lippen door horen we over bedreigingen, gruwelijke details en werkweken waar de meesten overspannen van zouden raken.

Toch lijken ze onvermoeibaar. Met hun voeten in de bloederige modder schetsen zij ons verschillende perspectieven op de moordenaar, terwijl sommige penstreken ook henzélf voor het leven tekenen – bij agent Sterringa zagen we hoe de krassen pas na jarenlange therapie vervaagden.

Tijdens het strafrechtelijke onderzoek bekijken ze dus allemaal dezelfde verdachte moordenaar, maar dat betekent niet dat ze hetzelfde zien, of dat hun blikken elkaar ook maar kruisen. Sterker nog, het gebeurt geregeld dat de strafrechtadvocaat en de officier van justitie een totaal ander beeld tonen, kijk maar naar de Holleeder-zaak. Hoe verschillend hun blikken ook zijn, bij iedere moordzaak is het uiteindelijk aan de rechters om de knoop door te hakken: zij bepalen of een verdachte écht transformeert tot moordenaar.

6

HEEL BRAVE AMBTENAREN

‘In elk mens zit bij de geboorte een wolf en een lam. Wat je later wordt, hangt af van welk beest je het meest voedt. Weet u, meneer Holleeder, welk dier bent u geworden?’

‘Een goudvis, die zit ook in een soort kooi.’

Deze conversatie tussen rechter Frank Wieland en de topcrimineel haalt in 2019 bijna alle kranten. De luchtigheid die Wieland als rechtbankvoorzitter op gepaste momenten in de rechtszaal brengt, is hard nodig. Bij vlagen lopen de emoties hoog op, bijvoorbeeld tijdens spanningen tussen Holleeder en zijn zussen. Wieland treedt telkens bewonderenswaardig adequaat op, in zijn eigen kenmerkende stijl. Zo mogen Holleeder en zijn zussen zich ‘niet gedragen als bekvechtende kinderen op de achterbank van de auto tijdens de vakantierit naar Zuid-Europa’. En terwijl zus Astrid Holleeder zichtbaar aangedaan is nadat ze het woord heeft gekregen, sluit Wieland de zittingsdag met: ‘Er loopt een lieveheersbeestje over tafel. Dat is een goed teken.’

Als wij Wieland spreken, zitten we vol vragen over de Holleederzaak. Het lijkt ons nogal een verantwoordelijkheid: iemand veroordelen én hem een levenslange gevangenisstraf opleggen. Maar Wieland kan niet inhoudelijk op de zaak ingaan, want deze loopt op dat moment nog in hoger beroep. Eén ding wil hij er wel over kwijt: ‘Met de uitspraak wil je eigenlijk zeggen: denk erom, vroeg of laat word je in je kraag gegrepen en word je ter verantwoording geroepen. En dan is het mogelijk dat je de rest van je leven in de gevangenis verdwijnt. Dat is de boodschap die doorklinkt in het vonnis van Holleeder. Het is relevant voor al die jongens die voor een Gucci-tasje iemand koud maken. Of zelfs per ongeluk de verkeerde omleggen omdat diegene toevallig in eenzelfde auto rijdt.'

Wieland behandelt in zijn vierendertigjarige rechterscarrière vele spraakmakende levensdelicten, maar tijdens ons interview heeft hij al even geen zittingen meer gedaan – hij is met pensioen. Dat zou je niet zeggen, het strafrecht stroomt nog volop door zijn aderen. Hij bespreekt 'zijn' moordzaken zo levendig dat het lijkt alsof hij net uit een zitting komt. Trouwens, pensioen blijkt voor hem een relatief begrip. Wieland: 'Er is een coronanoodwet waardoor je tot je drieënzeventigste door kunt werken. De rechtbank vroeg mij of ik wilde helpen om achterstanden weg te werken. Dat lijkt me leuk. En zolang je niet cynisch wordt of elke verdachte een klojo vindt, is er ook eigenlijk geen beletsel.'

We spreken met Wieland over mensen die moorden 'uit compassie', maar ook over psychotische daders met een stem in hun hoofd, figuren die in een golf van woede hun partner doden, eerwraakmoorden en een groep die hij 'berekenend, gewetenloos en op macht gericht' noemt, de categorie waar Holleeder onder valt.

Wieland weet waar hij het over heeft. Van dealers in dodelijke witte heroïne tot fatale schietpartijen tijdens een dancefeest: de rechter heeft het allemaal op zijn zitting gehad. Veel van zijn zaken haalden de kranten, vaak raakten talkshows er niet over uitgepraat. Dat is natuurlijk begrijpelijk, maar soms schieten we als geïnteresseerde burgers hierin wat door en hebben we met zijn allen de neiging om onszelf tijdelijk tot rechter te benoemen. In dit laatste zijn moordzaken trouwens niet uniek: als het land in lockdown zit, zijn we allemaal even viroloog, en als het Nederlands elftal speelt, telt ons land 17 miljoen bondscoaches. Kortom: we vinden iets van dingen die ons raken, waar we van schrikken, of van walgen.

Aan de andere kant zijn de meeste Nederlanders niet zulke genuanceerde bondscoaches, verfijnde virologen, of subtiele rechters. Als we door sociale media scrollen, lijken zwart-wit gestelde 'uitspraken' nogal eens de overhand te krijgen. 'Levenslang opsluiten' of 'gewoon ophangen' zijn slechts enkele voorbeelden van woedende Twitter-reacties op afschuwelijke moordzaken. De samenleving gruwelt begrijpelijkerwijs bij het nieuws van een gewelddadige moord, maar hierin schuilt ook een gevaar: collectieve afschuw kan de schuldvraag naar de achtergrond duwen. Daarmee bedoelen we dat het knap lastig kan zijn om het leed dat is veroorzaakt los te zien van de bewijslast. Dat is natuurlijk niet de bedoeling, we leven niet voor niets in een rechtsstaat. Om de échte moordenaar achter tralies te krijgen moet die bewijslast objectief gewogen worden, een taak die voorbehouden is aan de rechters.

Zelfs voor ervaren rechters als Wieland is moord een zeldzame aangelegenheid: hij schat dat het ongeveer 10 procent van zijn werk is geweest. Hoe hij onderscheid maakt tussen een moord en een dodelijk ongeluk? Die vraag beantwoordt hij op een, hoe kan het ook anders, geheel juridische manier. Om te beginnen: er zijn verschillende 'fatale delicten'. Zo kan er sprake zijn van moord, doodslag, en je hebt ook nog zoiets als 'dood door schuld'. Alles heeft ermee te maken of de dader een ander expres of per ongeluk om het leven brengt. Of ergens daartussenin: het slachtoffer hoeft niet per se dood, maar er wordt ook niet veel moeite gedaan om dat te voorkomen. In moordzaken gaan rechters als Wieland na hoeveel opzet er in het spel is geweest. Was er een vooropgezet plan of is er geschoten in een opwelling? Is het risico op een dodelijke afloop 'willens en wetens' genomen, of is er onvoldoende bij stilgestaan? Was de dader roekeloos of onvoorzichtig?

Nu zijn wij geïnteresseerd in moordenaars met een stoornis.

Hoe verhoudt een stoornis zich tot de opzetcategorieën? Als een dader psychotisch is, is hij dan nog wel in staat om na te denken over een vooropgezet plan of eventuele risico's? Kunnen we het dan eigenlijk nog wel hebben over 'moord'?

Genoeg te bespreken dus. Nu is de juridische terminologie onmisbaar voor het zicht op de moordenaar met een stoornis, maar voor ons, niet-juristen, is het ook wat droog en technisch. Om het toch goed te kunnen begrijpen, plaatsen we het jargon met al zijn gradaties in verschillende (moord)zaken. Dus opgelet: in dit hoofdstuk gaan er veel doden vallen.

Opzet

Als filmmaker Theo van Gogh op 2 november 2004 om half negen 's morgens nietsvermoedend door Amsterdam fietst, wordt hij beschoten. Van Gogh probeert te vluchten maar hij is kansloos. Terwijl de kogels nog door de lucht vliegen valt hij neer.

De schutter, de zesentwintigjarige Mohammed B., haast zich naar Van Gogh en snijdt zijn keel door. Daarna steekt hij het mes in van Goghs borst. Met een ander mes prikt hij een brief op het lichaam. Het is een doodsbedreiging aan het adres van Ayaan Hirsi Ali, de Somalisch-Nederlandse politica met wie Van Gogh een film heeft gemaakt over de islam. Ook de burgemeester van Amsterdam, Job Cohen, wordt bedreigd.

De politie komt ter plaatste, maar B. geeft zich niet over. Opnieuw begint hij te schieten, met een heftig vuurgevecht tot gevolg. Pas na een schot in zijn been lukt het de politie om hem aan te houden.

B. verklaart later dat Van Gogh moest sterven omdat hij een 'vijand van de islam' is en dat hij op de politie schoot om te doden én gedood te worden. Zo zou hij als martelaar aan zijn einde kunnen komen. B. wordt onder andere veroordeeld voor de moord op Theo van Gogh, voor meerdere pogingen tot moord op de politieagenten en voor de doodsbedreigingen tegen de politie en Ayaan Hirsi Ali. Daar komt nog bij dat het allemaal is gedaan met een terroristisch oogmerk: B. wilde de bevolking angst aanjagen en de (politieke) structuur van Nederland ontwrichten.

Er is hier sprake van de sterkste vorm van opzet. B. wilde 'vijanden van de islam' doden, een doel dat hij nooit zal herzien, zoals hij zelf verklaart.

Het klinkt misschien gek, maar doden is niet altijd het doel van iemand die een levensdelict pleegt. Om dit te illustreren, halen juristen meestal het klassieke voorbeeld van Thomas van Bremerhaven aan. Deze Van Bremerhaven, eigenaar van een rederij, wil snel geld verdienen. Daarom besluit hij om zijn vloot op te blazen, zo kan hij het verzekeringsgeld innen. Dat de bemanning bij de ontploffing omkomt, zal Van Bremerhaven een worst wezen: zolang zijn portemonnee maar wordt gevuld. Het is geen sympathiek plan, maar de opzet is minder sterk dan bij Mohammed B. Het doden van de opvarenden is namelijk niet Van Bremerhavens doel, dat is het laten ontploffen van die schepen. Tegelijkertijd hoef je geen scheepsbouwkundige te zijn om te snappen dat met een vat dynamiet niet alleen het schip, maar ook de bemanning eraan gaat. Van Bremerhaven weet dus *zeker* dat de bemanning om zal komen, ook al is er hier geen *directe* opzet op het doden van de bemanning.

Het onderscheid tussen Mohammed B. en Thomas van Bremerhaven lijkt misschien verwaarloosbaar: in beide gevallen is het vooraf volkomen duidelijk dat er doden zullen vallen. Toch is er een (klein) verschil. Bij Van Bremerhaven is het theoretisch denkbaar dat alle opvarenden toevallig zouden worden gered. Dat had voor hem niets uitgemaakt, het gaat hem om de ontplofte schepen, niet om de bemanning. Het gaat hier dus om een verschil in opzet op het doden, die opzet is bij Van Bremerhaven (iets) lichter. Juridisch gezien heet dit 'opzet als zekerheidsbewustzijn'.

De opzet kan nóg iets minder zwaar zijn. Hiervan is sprake bij Franklin F., die in 2008 na een flinke hoeveelheid wodka achter het stuur gaat zitten. Hij zal zijn ex eens even flink de waarheid te gaan vertellen. Gewapend met een pistool sjeest hij naar haar woning.

Omdat hij zo slingert wordt hij onderweg aangehouden door een politieagente. Daar heeft F. geen zin in: hij schiet haar vrijwel direct neer. De agente, Gabrielle Cevat, overlijdt later in het ziekenhuis.

F. stormt het huis van zijn ex binnen, maar gelukkig is ze er niet. Als het arrestatieteam even later binnenvalt, treffen ze hem in een diepe alcoholische roes, snurkend in haar bed. Het wapen ligt naast hem op de lakens.

F. wordt veroordeeld voor doodslag op de agente. De rechters oordelen namelijk dat hij in een opwelling heeft geschoten. Toch heeft F. de politieagente wel 'opzettelijk' van het leven beroofd, want door dat schot was het wel waarschijnlijk dat hij haar zou doden. Oftewel: 'opzet als waarschijnlijkheidsbewustzijn'.

De lichtste vorm van opzet komen we tegen bij een verkeersongeval in 1998 in Enkhuizen, waarbij ene R. in de auto stapt nadat hij flink wat heeft gedronken. R. wordt staande gehouden door de politie, iets waar hij niet op zit te wachten. Hij begint niet meteen te schieten zoals F. dat deed, maar ook R. handelt niet zoals je zou willen. Om te voorkomen dat hij een nacht op het politiebureau moet doorbrengen, besluit hij te vluchten. Hij dooft zijn lichten en racet met hoge snelheid door de bebouwde kom van Enkhuizen.

Sowieso is dat levensgevaarlijk, maar die nacht al helemaal: het is vrijdagnacht, de cafés zijn net gesloten, op straat is het een drukke bedoening. Tijdens zijn vluchtpoging botst R. tegen drie fietsers, waarvan er twee overlijden.

R. rijdt door. Hij geeft zelfs nog een beetje extra gas.

R.'s actie was niet gericht op het doden van die fietsers: hij wilde ontsnappen aan de politie. Maar natuurlijk is hier geen sprake van een onschuldig ongeluk. Als een idioot scheuren door een druk uitgaansgebied is niet zonder risico – dat weet ieder mens. Hiermee heeft R. 'willens en wetens' de kans aanvaard dat het fout kon aflopen, iets wat helaas niet bij een theoretische mogelijkheid is gebleven. Met deze 'voorwaardelijke opzet' wordt R. veroordeeld voor doodslag op de twee fietsers en voor poging tot doodslag op de derde fietser.

Voor de volgende categorie komen we opnieuw uit bij een dronken automobilist. Het is 3 april 1994. Michiel B. drinkt flink wat bier en stapt vervolgens in een supersnelle Porsche. Terwijl hij over de weg scheurt, haalt hij gevaarlijke inhaalmanoeuvres uit en rijdt hij twee keer door rood. Dan botst hij tegen een andere auto waar vier personen in zitten. Ze overlijden allemaal. Ook de bijrijder in de Porsche overlijdt – B. is de enige die het ongeluk overleeft.

De rechterlijke uitspraak luidt eerst ongeveer hetzelfde als bij R. uit Enkhuizen. Door zo idioot gevaarlijk te rijden is er een kans dat er slachtoffers vallen, een onaanvaardbaar hoog risico dat B. (toch) genomen heeft. Met andere woorden: B. is schuldig aan 'doodslag, meermalen gepleegd'.

Maar samen met zijn advocaat, Gerard Spong, maakt B. bezwaar. Spongs punt komt (ongeveer) hierop neer: misschien stapte R. wel net zo dronken in zijn auto als B. in zijn Porsche, maar er is een belangrijk verschil tussen de twee: bij het fatale ongeluk blijft R. buiten levensgevaar, terwijl B. zichzelf bijna doodrijdt. Op deze manier betoogt Spong dat B. niet bij de dodelijke risico's heeft stilgestaan. In plaats daarvan heeft hij simpelweg gedacht dat het wel goed zou aflopen. Hij zou anders toch ook het risico op zijn eigen dood hebben geaccepteerd? En waarom zou hij dat doen? Levensmoe is hij allerminst.

De rechters geven Spong gelijk: het is niet waarschijnlijk dat B. de risico's bewust heeft aanvaard. Oftewel: er is géén sprake van (voorwaardelijke) opzet en hiermee is er onvoldoende bewijs voor doodslag. Maar dit betekent niet dat de rechters hem niks kwalijk nemen: door zijn roekeloze rijgedrag wordt B. veroordeeld voor 'dood door schuld'.

De schuld wordt nog wat lichter als de dader niet roekeloos is, maar 'onvoorzichtig'.

Dit zien we op een herfstige middag in november in 2007 bij een zeventigjarige jager. De man tuurt door zijn verrekijker, klaar om te schieten. Hij controleert nog even het jachtterrein voordat hij zijn geweer definitief richt, de duif zeven meter naast de weidepaal is de pechvogel. Althans, dat dénkt de jager als de kogel door de lucht vliegt. Maar in plaats van het dier wordt een vrouw die even verderop haar honden uitlaat getroffen. In het ziekenhuis overlijdt ze aan de verwondingen.

De jager schrikt zich rot. Hij had de vrouw niet gezien toen hij het terrein inspecteerde. Als hij dat had geweten, had hij natuurlijk nooit geschoten: wat een vreselijk ongeluk!

Maar de rechters oordelen dat de ervaren jager zich had moeten realiseren dat er mensen in het gebied aanwezig konden zijn. Bovendien had hij moeten bedenken dat hij schoot met een vuurwapen met een grote reikwijdte. Zij concluderen dan ook dat de jager het gevolg weliswaar niet heeft voorzien, maar dat hij dat wel had móéten doen – de man heeft zich 'aanmerkelijk onvoorzichtig' gedragen. Net als bij de Porscheracer is er bij de jager sprake van 'dood door schuld', al is die schuld bij de jager dus (iets) lichter.

Je ziet het: de overgang van 'opzet' naar 'schuld' zit vol nuances en grijstinten. Het doden van een ander maakt nog geen 'moordenaar'. Rechters gaan dan ook heel precies na hoeveel opzet in het spel is geweest. Voor moord moet er sprake zijn van opzet én van voorbedachte raad. Had de dader echt een vooropgezet plan om te doden? En heeft diegene vervolgens kunnen nadenken over dat plan? Dit is vaak moeilijk te bewijzen. Niet iedereen geeft toe dat hij een ander expres heeft gedood en schrijft dat ook nog eens op, zoals Mohammed B.

Nu zijn moorden niet alleen moeilijk te bewijzen, ze komen ook maar weinig voor. Levensdelicten zijn vaker vechtpartijen waarbij iemand een ander neersteekt – en dan ligt het er maar net aan waar dat mes terechtkomt. Dat mes zorgt lang niet altijd voor een scherp onderscheid, want die mate van opzet klinkt niet alleen theoretisch: dat ís het ook, dat vonden ze al in 1936. Over het moeilijke onderscheid tussen de twee sterkste opzetvormen stond in die tijd in het *Leerboek van Nederlandsch Strafrecht*: 'Al zal men dus theoretisch de grens tusschen beiden opzetvormen kunnen trekken, in de praktijk ontbreekt iedere scherpte.'

Opzet en stoornis

Toch zullen rechters het moeten doen met deze wazige grenzen, die uiteindelijk mede bepalen of iemand schuldig is aan moord, doodslag of dood door schuld. Voor de maximumstraf maakt dit een wereld van verschil: levenslang (moord), vijftien jaar (doodslag) of vier jaar (dood door schuld) – allemaal omschreven in het *Wetboek van Strafrecht*. Wieland kan dat laatste niet genoeg benadrukken: 'In krantenverslagen bespeur ik tussen de regels door iets van: de rechter vindt dit en de rechter vindt dat. Dat klopt niet. Rechters vinden helemaal niks. Het zijn heel brave ambtenaren die met hun vingers bij de tekst zitten en op basis daarvan de wet uitleggen. Ze kijken wat de wet van ze verlangt. En waar dat niet duidelijk is onderzoeken ze hoe de wet tot stand is gekomen. In die zin heb je als rechter weinig macht. Je bent eerder een soort superspecialist in het uitleggen van de wet.'

Nu krijgen 'brave ambtenaren' als Wieland te maken met een stuk minder brave burgers. En het lijkt ons al helemaal ingewikkeld als die burgers ook nog geestesziek zijn. Want hoe moeten we kijken naar de opzetcategorieën als een dader psychotisch is? Hoe 'echt' is de opzet, of de voorbedachte raad, als het delict volledig voortkomt vanuit een satanistenwaan, of een stem in een hoofd? Als iemand volledig ontoerekeningsvatbaar is, kunnen we dan nog wel spreken van 'opzet'? En, een stap verder, van 'moordenaars'? Is het dan niet passender om te spreken van een 'ongeluk'? Met andere woorden: pleit 'ontoerekeningsvatbaarheid' (deel 1 van dit boek) de dader niet per definitie vrij van 'opzet' en 'voorbedachte raad' (dit hoofdstuk)?

Vanuit het perspectief van de rechter is het antwoord 'nee'. Rechters baseren zich namelijk op de feitelijke gebeurtenissen rondom het delict om te bepalen welke mate van opzet er in het spel is. Dit bepaalt of er sprake is van moord. De eventuele stoornis is wél van invloed op de vraag of de dader gestraft moet worden. Er wordt dus onderscheid gemaakt tussen het delict (de opzet) en de strafbaarheid (de toerekenbaarheid). Op deze manier kan iemand strafbare feiten plegen, zonder dat hij een strafbare dader ís. Je kunt een moord plegen, zonder ervoor gestraft te worden.

Zo heeft zelfs de psychotische (en ontoerekeningsvatbare) Malek F., die in 2018 drie mensen aanvloog omdat hij ze aanzag voor duivelaanbidders, volgens de juridische logica opzettelijk gehandeld. F. was in staat om een plan te maken, een mes te kopen en om over het bloedbad na te denken. Daarom is er geen sprake van een ongeluk, maar van een poging tot een driedubbele moord. In hoger beroep wordt deze uitspraak verduidelijkt: 'Een geestelijke (of: psychische) stoornis behoeft niet aan voorbedachte raad in de weg te staan.' Volgens het hof staat vast dat Malek F. met een vooraf gemaakt plan te werk ging en doet het er niet zoveel toe dat het plan gestoeld was op onnavolgbare psychotische wanen. Tegelijkertijd is F. door zijn psychose wél volledig ontoerekeningsvatbaar, waardoor hij geen straf, maar tbs krijgt. Met andere woorden: de psychotische Malek F. begaat wél strafbare feiten, maar is géén strafbare dader.

Volgens dezelfde redenatie heeft ook Avi C. opzettelijk gehandeld. Als C. psychotisch wordt door een flinke hoeveelheid speed valt hij zijn vriendin aan, hij denkt dat de duivel in haar lichaam zit. Na flink wat klappen lukt het de vrouw om via het balkon te ontsnappen. C. gaat haar niet achterna, want hij vindt de sprong te hoog en gevaarlijk, al helemaal omdat hij geen schoenen aanheeft. Maar de agressie kolkt nog door zijn lichaam en hij stort zich op haar kinderen die nog in de flat zijn. Beide kinderen, een meisje van vier en een jongetje van twee, overlijden. Na flink wat juridische procedures oordeelt het hof dat er sprake is van doodslag, omdat er onvoldoende bewijs is voor 'voorbedachte raad': er kan nergens uit afgeleid worden dat er sprake is van een vooraf genomen besluit waar C. vervolgens over heeft nagedacht. Maar het hof benadrukt dat de psychose C. niet vrijpleit van opzettelijk handelen. Dit is alleen het geval als de stoornis ervoor zorgt dat *ieder inzicht* in het eigen handelen ontbreekt. En dat was niet zo: C. was weliswaar onder invloed van een psychose, maar hij was niet *compleet* van de wereld. Zo vond hij het balkon te hoog om zijn vriendin te achtervolgen, vond hij het onverstandig om ervanaf te springen zonder schoenen en herkende hij zowel zijn vriendin als haar kinderen. De moraal van dit vreselijke verhaal: zelfs met ernstige psychoses als die van Avi C. kan iemand nog opzettelijk handelen. Ondanks dat C. flink van de kaart was, wist hij nog waar hij mee bezig was. Of nou ja, dat wist hij nog maar een beetje, maar dat is voor het opzetbegrip voldoende. Door zijn psychose is C. wél verminderd toerekeningsvatbaar, waardoor hij naast een gevangenisstraf ook tbs krijgt. Dus ook de psychotische C. wordt veroordeeld voor strafbare feiten, maar is tegelijkertijd een verminderd strafbare dader.

Een stoornis heeft dus geen invloed op de mate van opzet, zolang er enig realiteitsbesef is. En dat besef kan minimaal zijn: bij C. waren een paar realistische observaties (de hoogte van het balkon, de naam van het slachtoffer) al voldoende.

Alleen als de moordenaar met een stoornis *compleet* van de wereld is en op geen enkele manier meer weet wat hij doet, kán er sprake zijn van een ongeluk. En dan leidt de stoornis tot vrijspraak. De moordenaar komt dan op straat te staan: zonder veroordeling is er immers geen straf (en ook geen tbs-maatregel) mogelijk.

We moeten er wel bij zeggen: dit is bijna nooit het geval. Sterker nog, de Hoge Raad, de hoogste rechter in strafzaken, sluit dit eigenlijk uit. Na enig speurwerk vinden wij dan ook slechts één uitspraak van de rechtbank (dus niet van de Hoge Raad) waarin een stoornis leidt tot vrijspraak.

Het gaat over een verwarde man die in 2009 wordt aangetroffen in de gangen van het Sophia Ziekenhuis in Zwolle. Hij dwaalt op blote voeten door het gebouw, nadat hij de stroom van de Intensive Care en Neonatologie-afdeling heeft afgesloten.

Een regelrechte ramp, want ook alle beademingsapparatuur is uitgeschakeld. Hierdoor moeten sommige patiënten handmatig worden beademd en andere ernstig zieken zitten vast in de lift. Gelukkig vallen er geen doden. Na drie kwartier komt er een einde aan de chaos.

De man lijkt zich van geen kwaad bewust. Tegen de politie zegt hij dat hij in het computerspel *Silent Hill* zit: hij is een puzzel aan het oplossen en daarvoor moet hij de schakelaars omzetten, dan kan hij een tandenborstel verdienen.

Volgens de rapporteurs leidt de man aan schizofrenie en waarschijnlijk ook aan een autismespectrumstoornis. En op de bewuste middag had die man geen enkel realiteitsbesef: hij wist niet dat hij in een ziekenhuis was, had geen idee dat hij aan de elektriciteitsvoorziening zat te rommelen, laat staan dat hij wist dat het gevaarlijk was wat hij deed of dat hij doorhad dat hij het leven van patiënten op het spel zette.

De rechters spreken de man vrij. Omdat *ieder* inzicht in het eigen handelen ontbrak, was er geen sprake van opzet. De man was in een andere wereld, een digitale.

De laatste halte voor de doodstraf

We moeten even op adem komen na al die dodelijke daders. De rechterlijke blik geeft weliswaar duidelijkheid, een soort kader waarbinnen de wettelijke uitspraken steeds inzichtelijker worden, maar tegelijkertijd transformeert de moordenaar in ons hoofd tot juridische begrippen als 'opzet', 'voorbedachte raad' en 'toerekenbaarheid', waardoor we de moordzaken wat meer op afstand beleven. De dader – of hij nu een stoornis heeft of niet – wordt losgelaten en de focus lijkt te verschuiven naar het juridische jargon.

Maar voor rechters als Wieland werkt dit niet zo. In al die jaren is zijn strafrechtelijke blik juist steeds empathischer geworden, voor hem gaat het humane samen met het jargon.

Misschien werd dit voor Wieland wel het meest duidelijk toen hij voor het eerst een levenslange gevangenisstraf oplegde aan een moordenaar. Dit was op Curaçao, waar Wieland tussen 2002 en 2007 als rechter werkte. 'Het was een heftige drugszaak. Een jonge Colombiaan, begin twintig, had drie landgenoten vastgebonden en door het hoofd geschoten. Toen de officier daar levenslang voor eiste, dacht ik eigenlijk dat ik niet anders kon. Want wat moet je nog meer doen om levenslang te krijgen?'

Op het moment dat Wieland zijn uitspraak doet, kijkt hij de verdachte aan die ineenkrimpt. Zodra hun blikken elkaar kruisen, dringt de impact van zijn beslissing tot Wieland door. Hij schrikt ervan. Wat heeft hij gedaan? Was het wel de juiste beslissing?

Wieland loopt na de uitspraak naar zijn kamer. Een journalist volgt hem en ziet de vochtige ogen van de rechter. 'Bent u verkouden?' vraagt de journalist.

'Nee,' antwoordt Wieland. 'Ik huil.'

Nu, al die jaren later, realiseert Wieland zich dat zijn tranen kwamen omdat het ineens persoonlijk werd. 'Het was míjn uitspraak over zíjn leven. Ik sprak ineens het machtswoord uit en hij liet dat zien in zijn reactie. Als hij zijn middelvinger naar me had opgestoken was het makkelijker geweest. Maar doordat hij in elkaar zakte, maakte hij het persoonlijk. Hij bracht het terug naar mij. Ineens realiseer je je dat een verdachte ook een mens is.'

Holleeder is de derde persoon aan wie Wieland een levenslange gevangenisstraf oplegt. 'Je moet het niet te vaak doen. Ik zie het toch als een laatste halte voor de doodstraf. Maar je krijgt door de jaren heen wel een dikke huid voor dit soort dingen. Je creëert een pantser. Dat is alleen niet altijd stevig. Soms prikt daar iets doorheen. Dan kunnen de tranen zomaar in mijn ogen springen. Gewoon thuis op de bank. Mijn partner zegt dan: "Wat is er nou weer?" Dat is wel eens lastig. Maar goed. Als je dat niet voelt, dan ben je geen mens en kun je ook geen goede rechter zijn.'

De menselijke rechter kijkt terug op vele ingewikkelde moordzaken: van driftige steekpartijen tot 'liquidaties op bestelling', van noodlottige ongelukken tot koelbloedige afrekeningen in het criminele circuit. Zijn werkende bestaan was in ieder geval nooit saai – en dat is het ook niet voor de anderen die in dit deel voorbij zijn gekomen. Al direct na het overlijden van het slachtoffer komt het strafrecht – hun werkveld – tot leven. De strafrechtelijke blik bekijkt de moordenaar met een stoornis op momenten waarop hij voor de meeste mensen (nog) niet zichtbaar is. Terwijl de verdachte is weggestopt achter de muren van een arrestantencomplex, huis van bewaring of forensisch psychiatrische kliniek, is de juridische zienswijze volop actief en overal aanwezig. Ze heeft vele kijkrichtingen, vertrekkend vanuit de plaats delict, het politiebureau of de rechtszaal. Maar ondanks de verschillende vertrekpunten eindigen ze allemaal met dezelfde vraag: hebben we te maken met een moord, een ongeluk of iets daartussenin? Een onderscheid dat ondanks puntige messen of snoeiharde kogels niet altijd scherp te maken is.

III

VRIJE WIL OF VRIJE VOETEN?

7

EEN BLOEDERIG BREIN

Wil je meedoen aan een experiment?

Het is niet ingewikkeld: je hoeft alleen je vinger even te buigen. Een kleine beweging, alsof je een knop indrukt. Het duurt maar een paar minuten.

Je moet van tevoren wel zeggen dat je het *gaat* doen. Dus zeggen dat je zo meteen je vinger gaat bewegen. Dat wordt dan getimed. En er worden elektroden op je hoofd geplakt.

Geen zorgen, niets blijvends, die gaan er straks gelijk weer vanaf.

Prima, denk je, en je doet mee.

Meteen krijg je een gek mutsje op je hoofd. Met glibberige gel worden er nog wat plakkers vastgemaakt, een soort zuignappen met snoeren. Het doet je denken aan een octopus.

'Dit is het elektro-encefalogram. Het meet de neuronale activiteit,' legt de onderzoeker uit.

'Een EEG dus,' zegt hij wat harder, alsof dat de boel wel duidelijk maakt.

Na een paar minuten staan er vijf wetenschappers enthousiast te wijzen naar de uitdraai van de computer. Voorzichtig gluur je mee. Je ziet niets bijzonders aan de dunne lijn. Het is een grafiek zoals elke grafiek eruitziet: het kabbelt eerst rustig omhoog naar de top en sjeest vervolgens vanaf het hoogtepunt in een roetsjende beweging weer omlaag. Op de horizontale x-as staat de tijd in milliseconden. Daaronder drie pijlen. Eentje aan het begin, eentje op driekwart van de stijgende lijn en eentje onder de top.

De meest opgewonden grafiekstaarder ziet jouw vragende blik en probeert de ophef uit te leggen. 'In dit EEG is de hersenactiviteit afgezet tegen de tijd,' zegt ze, wijzend naar het papier. 'We meten drie gebeurtenissen: het besluit om je vinger te buigen, het daadwerkelijke bewegen én de bijbehorende hersenactiviteit. En nu komt het...' De ogen van de onderzoeker twinkelen. 'De hersenactiviteit komt als eerste! 350 milliseconden voordat je zelf hebt besloten om je vinger te buigen!'

Opnieuw kijk je de vrouw vragend aan.

'Je hebt dus éérst het breinsignaal. Dan, 350 milliseconden later, jouw beslissing om te gaan bewegen. En dáárna beweegt je vinger pas echt.'

Hoge stem, dramatische ondertoon: het theatrale slotakkoord van de wetenschappelijke opera.

Jij hebt geen enkele neiging om te klappen, je snapt er nog steeds geen snars van.

'Het betekent dat je hersenen al weten dat je je vinger gaat bewegen, vóórdat je het zelf doorhebt,' verduidelijkt ze. 'Beslissingen staan van tevoren al vast in je brein. Het idee dat je zélf je besluiten neemt, klopt dus niet. Dat is een illusie!'

De vrouw schreeuwt nu.

Net heb je meegedaan aan het beroemde experiment van Benjamin Libet. Het stamt al uit de jaren tachtig, maar het heeft nog steeds een prominente rol in de discussie rondom neuroreductie, het idee dat onze geestelijke activiteit terug te brengen is tot neuronale gebeurtenissen. Oftewel: ons brein bepaalt ons handelen, zonder dat we daar ook maar enige invloed op hebben. Een simpele, maar fascinerende stelling, met consequenties die tot ver buiten de neurowetenschappen reiken. Want als je handelen vastligt, is er geen 'ik' meer die besluiten neemt. Als een stel vurende neuronen je doen en laten bepaalt, heb je als mens geen keuze in wat je wel en wat je niet doet. En als je geen keuze hebt, kun je onmogelijk verantwoordelijk worden gehouden voor wat je doet...

Toch?

Je ziet het: de stap van EEG's en milliseconden naar het 'ik' is snel gemaakt. En met deze stap, of nou ja, eerder een sprong, betreedt Libets neurowetenschappelijke experiment het filosofische domein, waarbinnen ontelbaar veel boekenkasten zijn volgeschreven over het 'ik' of het 'handelende zelf'.

Maar filosofen zijn doorgaans een stuk minder opgewonden over Libets experiment dan de neurowetenschappers. 'De vraag of wij bewust controle kunnen uitoefenen over ons handelen is zo oud als de filosofie zelf,' zucht de een. 'Sinds Aristoteles zijn we er al mee bezig,' mompelt de ander.

Wetenschappelijke doorbraak of eeuwenoud filosofisch probleem: de kwestie in hoeverre de mens zijn eigen handelen bepaalt, is uiterst relevant voor onze blik op de gestoorde moordenaar. Want als je brein je handelen volledig stuurt, bepalen je hersenen dan ook of je overgaat tot moord? Deze vraag kan ons beeld van de gestoorde moordenaar zelfs volledig omvergooien. Kijk maar naar het volgende (fictieve) voorbeeld.

Marcel

Er is wéér ruzie tussen Marcel en zijn buurman. Na de zoveelste kortsluiting in hun flatgebouw, veroorzaakt door Marcels stroomvretende wietplantage, is de maat vol: de buurman gaat naar de politie. Marcel probeert hem nog op andere gedachten te brengen, maar de buurman is niet onder de indruk van Marcels dreigementen. Dan pakt Marcel het mes.

'Als het niet goedschiks kan, dan maar kwaadschiks,' aldus Marcel.

Marcel krijgt een forse gevangenisstraf, wat te begrijpen is. Marcel vond het nodig om zijn buurman te bewerken met het vleesmes, dus hij zal moeten boeten. Zijn daad, zijn verantwoordelijkheid, zijn straf. In de kranten, talkshows en nieuwsberichten wordt er vooral gemopperd. 'Deze jongen staat straks gewoon weer buiten, terwijl de nabestaanden levenslang hebben.'

Of zoiets.

Volkomen logisch, zul je misschien zeggen. Je kunt toch niet iemand neersteken en daar ongestraft mee wegkomen? Toch kan eenzelfde daad heel anders gekleurd zijn, kijk maar:

Als Marcel 's morgens naar zijn werk gaat, groet hij normaal gesproken vriendelijk zijn buurman, die op dat tijdstip voor het raam zit te ontbijten. In het weekend is Marcel meestal in het dierenasiel te vinden, waar hij als vrijwilliger de hokken schoonmaakt. Het liefst knuffelt hij met de honden.

Maar binnen een tijdsbestek van een paar maanden is Marcels leven compleet veranderd. Hij gaat niet meer naar zijn werk, laat de honden voor wat ze zijn en komt overdag zijn huis nauwelijks meer uit. Hij groet niemand meer, ook zijn buurman niet. Op een dag staat Marcel woedend in de portiek van de flat. 'Ik moet wel,' gromt hij, voordat hij het mes pakt.

Marcels beweegredenen zijn in eerste instantie een raadsel. Niemand snapt hoe de anders zo rustige Marcel, de dierenvriend die nooit een vlieg kwaad doet, is overgegaan tot zo'n gruwelijk delict. Maar dan blijkt dat Marcel een hersentumor heeft, eentje die in een paar maanden tijd enorm is gegroeid.

Marcels advocaat bepleit dat het misdrijf is gepleegd onder invloed van die tumor: het is nooit Marcels eigen keus geweest om te handelen zoals hij heeft gedaan. 'Niet Marcel, maar de breinafwijking is verantwoordelijk voor de tragische gebeurtenis,' sluit de advocaat zijn pleidooi.

De rechtbank gaat hierin mee. Er is geen sprake van moord, maar van een ongeluk. Marcel belandt niet in de cel, maar op de operatietafel.

De neurochirurg haalt de hele tumor weg. Wat blijkt? Met het verwijderen van het gezwel zijn ook Marcels moordneigingen verdwenen, als sneeuw voor de zon. Slechts één operatie en Marcel is weer die aardige jongen, die knuffelt met de honden en vriendelijk zwaait naar zijn (nieuwe) buurman – zonder mes natuurlijk.

Dierbaren van het slachtoffer vinden dat Marcel gestraft had moeten worden. Hersentumor of niet, door Marcels toedoen is hun naaste er niet meer. De publieke opinie gaat twee kanten op. Sommigen zijn het met de nabestaanden eens, anderen vinden dat Marcel evengoed slachtoffer is. 'Hoe een zachtaardige jongen verandert in een bloeddorstig monster', staat er na de rechtszitting met vetgedrukte letters in de krant.

Eénzelfde fatale gebeurtenis, twee totaal verschillende uitkomsten. Waar we in het eerste scenario geen twijfel hebben over Marcels schuld, ligt dat in het tweede geval anders: niet Marcel, maar de tumor wordt als dader aangewezen. De moordenaar is dit keer geen mens, maar een stelletje ontregelde hersencellen. Haast vanzelfsprekend koppelen we de persoon Marcel los van zijn brein.

Misschien is dit wel de ultieme uitwerking van Libets experiment: Marcel neemt geen besluiten, dat doet zijn brein. En als er iets mis is met zijn brein, gaat er ook iets mis in zijn handelen, maar wat kan Marcel daaraan doen?

Nu is de wereld een stuk ingewikkelder dan een druk op een knop in Libets experimentele setting. Bovendien was Libet zelf een stuk genuanceerder en waarschuwde hij voor dit soort veel te stellige conclusies. Verder zijn de meeste ziekten niet te reduceren tot ons brein en hebben psychiatrische stoornissen, de ziekten waar het meestal om gaat bij ontoerekeningsvatbare moordenaars, überhaupt geen duidelijk meetbaar substraat in onze hersenen. Daarnaast is de neurowetenschappelijke discussie geen welles-nietes-verhaal, net zomin als de handelingsvrijheid van het 'ik' in de filosofie een ja-nee-ruzie is. Kortom, in vele opzichten is de vraag in hoeverre wij zelf ons handelen bepalen abstract en onbeantwoordbaar.

Toch wordt de kwestie vrij concreet tegen de achtergrond van zoiets verschrikkelijks als moord, kijk maar naar het voorbeeld van Marcel. Bij een hersentumor lijken we geneigd om een duidelijk onderscheid te maken tussen de persoon en zijn brein. Dat doen we niet (of minder) als een moordenaar een persoonlijkheidsstoornis heeft. Of een psychose. Of een depressie. Op de een of andere manier geeft iets aanwijsbaars op een scan ons blijkbaar het idee dat we de moord buiten de persoon kunnen plaatsen: er is letterlijk 'wat mis in het hoofd'. Moord wordt zo iets externs, een handeling waar we zelf geen invloed op hebben – een gevolg van onafhankelijke breinprocessen. Maar kan dit wel? Kunnen we een brein loskoppelen van een persoon? En kunnen we zoiets ernstigs als moord wel buiten onze persoonlijke verantwoordelijkheid plaatsen?

Dit zijn geen hypothetische vragen. De tweede Marcel, de Marcel met de hersentumor, bestaat namelijk echt. Of nou ja, eigenlijk heet hij Charles.

The Texas Tower Sniper

Op 31 juli 1966 schrijft de Amerikaan Charles Whitman zijn afscheidsbrief. Daarin verzoekt hij om autopsie, onderzoek op zijn lichaam als hij er straks niet meer is, om te kijken of er afwijkingen zijn. Hij heeft namelijk extreme hoofdpijn en ongewone, 'irrationele' gedachten, zoals hij het zelf omschrijft.

Nu blijkt Whitman niet alleen een hoofdpijnpatiënt: hij is ook een massamoordenaar. Zijn 'irrationaliteit' heeft betrekking op een verschrikkelijk bloederig plan. Na het schrijven van de brief doodt hij zijn vrouw Kathy. Hij steekt haar drie keer in haar hart terwijl ze ligt te slapen. Diezelfde nacht vermoordt hij zijn moeder. De volgende ochtend rijdt hij naar de Universiteit van Texas, waar hij vanuit de klokkentoren meerdere mensen op de campus doodschiet. Het levert hem de bijnaam 'Texas Tower Sniper' op.

Whitman wordt uiteindelijk doodgeschoten door de politie. In overeenstemming met zijn wens wordt zijn lichaam na zijn dood onderzocht. Whitmans voorgevoel dat er iets mis was, blijkt te kloppen: er wordt een hersentumor gevonden. Eentje die aandrukt tegen de amygdala, het gebied dat een belangrijke rol speelt bij het reguleren van onze emoties.

Deze ene bevinding zet Whitmans massamoord in een heel nieuw perspectief. Want automatisch vraag je je af of Whitman ook gemoord zou hebben als hij die hersentumor niet had gehad. Een vraag die van belang is, want de kwestie is cruciaal voor de toerekeningsvatbaarheid (zie deel 1) en de mate van opzet (zie deel 2). Wat blijft er over van deze begrippen als we het bloedbad *volledig* kunnen toeschrijven aan een breinproces? Is er dan nog wel een 'moordenaar'?

Dát is de insteek van dit derde, filosofische deel.

8

GEVAARLIJKE GEDACHTEN

In een vitrine in het Warren Anatomical Museum van Harvard University staat een mensenschedel. Er zit een gat in van ruim drie centimeter. Op afbeeldingen is te zien hoe dit is gekomen: een ijzeren staaf heeft de schedel geperforeerd, een doorboring van kaak tot schedeldak. De ongelukkige eigenaar: Phineas Gage.

Om te snappen waarom dit botwerk een plek heeft in het museum van een van de meest toonaangevende universiteiten, moeten we naar het Amerika van de negentiende eeuw, naar de staat Vermont om precies te zijn. In die tijd werkt Gage aan een nieuw spoor, de Rutland-Burlingtonspoorlijn. Gage is de baas van de werklieden. Zij hebben de taak om de rotsen op te blazen, om zo plaats te maken voor de nieuwe rails. Het dynamiet wordt aangestampt met grote ijzeren staven.

Op 13 september 1848 gaat er iets vreselijk mis. Na een ontploffing doorboort een van die staven het hoofd van Gage. Het exemplaar van 110 centimeter lang en ruim 3 centimeter dik gaat via zijn linkerbovenkaak naar binnen, achter de oogkas langs, floep het brein in. Via de bovenkant van de schedel schiet de staaf weer naar buiten. Het ding wordt twintig meter verderop gevonden – deels bedekt met hersenweefsel.

Gage slaat achterover en krijgt stuiptrekkingen, maar er lijkt sprake van een wonder: hij gaat niet dood. Na een paar minuten spreekt hij zelfs weer. Tegen de dokter uit de buurt zegt hij: 'Hier is werk aan de winkel voor u.'

Weer een uur later wordt Gage onderzocht door de arts John

Harlow. Hij steekt zijn beide wijsvingers in de schedelgaten. Zijn ene wijsvinger vanboven, de andere vanonder. De plek waar eerst hersenweefsel zat is nu leeg. De vingertoppen raken geen brein, maar elkaar.

Tot Harlows stomme verbazing loopt Gage ruim een maand later weer gewoon rond. De enige zichtbare afwijking is het gat in zijn hoofd, een rondje ter grootte van een dollar, alsof die er met een appelboor uitgesneden is. Harlow bespreekt het medische wonder met chirurg Henry Bigelow, die het eerst bijna niet kan geloven. En ook in bredere geneeskundige kringen zorgt Gage voor veel opwinding. Zelfs het toonaangevende vakblad *The American Journal of the Medical Sciences* wijdt in 1850 enkele bladzijden aan de casus.

Op een gegeven moment blijkt dat Gage toch meer aan het ongeluk heeft overgehouden dan alleen lichamelijke verwondingen. Harlow ziet 'kinderlijke trekken' en zijn moeder heeft het idee dat zijn geheugen minder goed werkt.

Pas veel later zien ook Gages vrienden een gedragsverandering. De altijd zo rustige Gage zou nu vloekend, tierend en drinkend door het leven gaan. Gages karakter zou geen emoties en verantwoordelijkheidsgevoel meer kennen: een transformatie van een vriendelijke, hardwerkende man naar een grofgebekt en onbeschoft wezen. 'Het is Gage niet meer,' zouden zijn vrienden zeggen.

Hoe extreem de persoonlijkheidsverandering precies is weten we niet. Er zijn meerdere versies van het verhaal bekend en de geschreven getuigenissen zijn beperkt tot een enkel krantenbericht en de aantekeningen van Harlow en Bigelow. Maar in de neurologieboeken is Gage een beroemd man. Hij wordt aangehaald om uit te leggen hoe onze prefrontale cortex, het voorste deel van onze hersenen, werkt. Inmiddels weten we namelijk dat dit deel betrokken is bij het vermogen om impulsieve reacties af te remmen. En als dat beschadigd is, kan een persoonlijkheid compleet veranderen.

Een bloederige ijspriem

Deze functie van de prefrontale cortex is door schade en schande ontdekt, onder meer omdat eind jaren dertig de Portugese arts António Egas Moniz een behandeling ontwikkelt, die de Amerikaanse chirurg Walter Freeman vervolgens iets aanpast en naar Amerika haalt. Of nou ja, behandeling... Net als bij Gage gaat er iets met brute kracht dwars door het brein. Dit keer alleen geen ijzeren staaf, maar een spatel, waarmee de chirurg door de oogkassen van de patiënt ramt en zo de verbinding tussen de prefrontale cortex en de andere hersengebieden verbreekt. De procedure werd vooral toegepast bij patiënten met schizofrenie.

Aan *the Guardian* vertelt een van Freemans zonen dat de eerste doorboring, of 'transorbitale lobotomie', werd gedaan met een ijspriem, uit de keuken van de Freemanfamilie. 'We gebruikten ze ook om gaatjes te maken in onze riemen,' aldus de zoon.

Freeman heeft, hou je vast, 3439 lobotomieën uitgevoerd. Veertien procent van zijn patiënten overleeft de procedure niet. Van de overlevenden brengt een groot deel de rest van hun leven ernstig verminkt door. Zo ook Rose Kennedy, de zus van de latere president van de Verenigde Staten, die in 1941 door Freeman werd geopereerd. Slechts bij een klein deel van de patiënten wordt het doel bereikt: zij zijn 'kalmer' na de operatie. Maar bij de meesten is dit toe te schrijven aan een totaal verlies van initiatief, waardoor zij vooral apathisch, emotieloos en afgevlakt zijn. Van hun persoonlijkheid blijft niks kenmerkends meer over, de reden waarom de operatie later omschreven wordt als 'partiële euthanasie'.

Freeman is niet de enige 'Brainslasher' (al was deze curieuze bijnaam wel aan hem voorbehouden). Tot in de jaren vijftig werd de hersenpan van tienduizenden patiënten op deze manier doorboord.

Je hoofd laten perforeren met een ijzeren staaf of via je oogkassen gespietst worden door een ijspriem: de gruwelijkheden van Gage en Freeman bevatten genoeg inspiratie voor minstens drie horrorfilms. Gelukkig komen we ook op een meer humane manier tot ontdekkingen over ons brein, dankzij hersenscans, puncties, bloedtesten en stamceltechnieken. In 1985 richt neurowetenschapper Dick Swaab de Nederlandse Hersenbank op, een instituut waar hersenweefsel onderzocht wordt. Mensen die overlijden kunnen hun hersenen doneren aan deze bank ten behoeve van wetenschappelijk onderzoek, voornamelijk naar de oorzaak van hersenziekten.

Dankzij deze ontwikkelingen weten we bijvoorbeeld dat de prefrontale cortex is gekrompen bij bepaalde vormen van dementie, de zogenaamde prefrontale-cortexdementiën. Dit voorste hersengebied, dat bij Gage doorboord is met een ijzeren staaf, en bij de lobotomie van Freeman wordt verwoest met een ijspriem, is bij deze dementievorm verschrompeld – het ziet eruit als een walnoot. Wat blijkt: net als bij Gage en de lobotomieslachtoffers, kampen een aantal van deze dementiepatiënten óók met een persoonlijkheidsverandering. Bij hen wordt onder andere storend sociaal gedrag, hyper- of hyposeksualiteit en agressiviteit omschreven.

En er is nog iets duidelijk geworden over deze groep patiënten: ze blijken nogal eens strafbaar gedrag te vertonen, zoals ongevraagde seksuele benaderingen, lichamelijk geweld, diefstal, inbraak en pedofilie.

Misdaden na hersenschade, Charles Whitman is dus niet de enige. Nu is zijn gemoord natuurlijk wel wat anders dan het delinquente gedrag van de dementiepatiënten, maar toch: de link is gelegd.

In 2017 wordt er een artikel gepubliceerd over zeventien zaken waarin delicten als fraude, diefstal, verkrachting en moord voorafgegaan worden door hersenschade bij de dader. De aangedane hersengebieden verschillen van persoon tot persoon, maar alle gebieden zijn onderdeel van een neuronaal netwerk dat betrokken is bij het nemen van morele besluiten, beslissingen over wat we 'goed' en 'slecht' vinden.

Inmiddels zijn er meerdere hersengebieden geïdentificeerd die van belang zijn bij dit 'moreel functioneren'. Swaab noemt onder andere de hypothalamus (die in de basis van de hersenen ligt), het ventrale tegmentum en de nucleus accumbens (onderdeel van ons belonend systeem) en het voorste deel van de temporaalkwab met hierin de amygdala – de tumor van Charles Whitman zat precies op díé plek.

Bijzonder interessant dus. Want wat betekent het als we de misdaden van inbrekers of pedofielen kunnen toeschrijven aan een gekrompen prefrontale cortex? Of als we de delicten van overvallers, verkrachters en moordenaars wijten aan afwijkingen in hun neuronale netwerk? Of als we de massamoord van de 'Texas Tower Sniper' zien als symptoom van een tumor in de amygdala?

Supersnelle auto's en afgehakte armen

In de eerste plaats zou je kunnen zeggen dat afwijkingen in deze 'breinlocaties' ons erop wijzen dat we eigenlijk maar weinig te vertellen hebben. Niet wijzelf, maar onze hersenen bepalen ons gedrag, iets dat Swaab ook benadrukt in zijn boek *Wij zijn ons brein*. Volgens hem is de vrije wil dan ook niets meer dan 'een plezierige illusie', een conclusie die neurowetenschapper Victor Lamme toejuicht in zijn boek *De vrije wil bestaat niet*. Lamme stelt zelfs dat wij mensen de vrije wil hebben bedacht als verklaring voor ons handelen, onze beslissingen, ons gedrag.

Maar alles waarvan wij – na afloop – zeggen dat we het hebben besloten of gewild, is niets anders dan het resultaat van vele stimulus-responskoppelingen in ons brein. Het idee dat we onze daden kunnen controleren met onze gedachten, beelden wij ons in. En inmiddels zijn we zo gewend aan dit verzinsel, dat we er automatisch in geloven. We *denken* dus dat wij besluiten nemen, handelingen uitvoeren, controle hebben, iets willen, maar in werkelijkheid houden we onszelf voor de gek – zelfs zonder dat we dat doorhebben.

Er zijn verschillende experimenten die deze claim ondersteunen. Een voorbeeld:

Jouw bijna jarige neefje houdt van twee dingen waar de meeste jongens van tien van houden: gamen en racen. Dus jij op zoek naar een computerspel met supersnelle auto's.

Al snel bestuur je een rode Ferrari in de speelhoek in de gameshop. Terwijl je de controller met een zwiepende boog naar links slingert vlieg je door de bocht, je blijft maar net op het asfalt. Intuïtief druk je vervolgens de spelbediener een beetje omlaag, waardoor je weer lekker op de baan zit. Dan zorgt jouw lichte zwaai naar rechts voor een spectaculaire inhaalmanoeuvre. De witte Mercedes met zijn blauwe strepen laat je meters achter je. Met piepende banden scheur je verder. Nog maar een klein stukje...

Af en toe zie je dat de computer jouw briljante acties niet helemaal goed registreert, maar dat zal wel komen door dat jochie voor jou, die heeft vast met de instellingen zitten knoeien. Als de zwart-wit geblokte vlaggen van de finish wapperend in beeld komen kun je een triomfantelijke grijns niet onderdrukken: je bent hier verrassend goed in. Even ben je totaal vergeten dat je niet voor jezelf, maar voor je neefje aan dit avontuur bent begonnen.

'Druk op start om te beginnen.'

Deze zes woorden boven de finishlijn maken abrupt een einde aan je Max Verstappen-gevoel. Pijnlijk dringt de realiteit tot je door: geen adembenemende bocht, geen spectaculaire inhaalmanoeuvre, geen piepende banden vlak voor de finish. Tenminste, niet door jouw bestuurderskunsten.

Je was al die tijd een demo aan het bekijken.

De conclusie van dit verhaal: zolang de gedachte (naar rechts) en de actie (Ferrari gaat naar rechts) maar vaak genoeg samen voorkomen, denken we dat het 'onze' actie is – een ervaring die niets meer is dan een verzinsel.

Nog eentje:

Kijk eens goed naar je handen. Ja, naar je eigen handen. Strek je vingers, maak een vuist, of vouw ze in elkaar. Jouw handen, daar heb je controle over. Jij bepaalt wanneer ze strekken, een vuist maken of in elkaar vouwen. Dat voel je. Dat zie je. Dat *weet* je.

Nu mag je je linkerhand achter dat scherm leggen. Helemaal erachter, zodat je je hand niet meer kunt zien. Precies, zo ja. Zie je die rubberen poppenarm voor je liggen? Daar moet je vanaf nu naar kijken.

Na deze instructies begint een onderzoeker zachtjes op je linkerhand te tikken. Dat voel je, maar zie je niet. Je hand is immers verstopt achter het scherm. Precies tegelijkertijd doet de onderzoeker hetzelfde met de rubberen hand. Dat zie je wel, want die hand ligt voor je, maar voel je natuurlijk niet: het is een poppenarm. De onderzoeker doet het een paar keer. Het begint een beetje te kietelen.

Dan stopt hij. Vanaf nu wordt je eigen hand niet meer aangeraakt.

Vervolgens tikt de onderzoeker op de rubberen hand. En dan gebeurt er iets geks: je voelt het kietelen op je eigen hand!

Het wordt nog veel gekker. De onderzoeker vraagt je om je hand te bewegen. Je spant je spieren aan, maar de poppenhand blijft (natuurlijk) liggen. Je krijgt het gevoel dat je verlamd aan het raken bent.

Ten slotte komt de wetenschapper aan met een groot mes. Hij heft het boven de poppenarm.

'NEE!'

In paniek vlucht je de onderzoeksruimte uit.

Je bent lijkbleek.

Raar maar waar: dit experiment laat je denken dat een poppenarm onderdeel is geworden van je lichaam, iets waar je denkt controle over te hebben. Maar dat is niets meer dan – je raadt het al – een illusie. En als wij zelfs kunnen denken dat we controle hebben over poppenarmen, dan moet ons idee van controle wel onzin zijn.

Toch?

De hersenanatomische kennis, de raceautodemo en het poppenarmexperiment wijzen allemaal ongeveer in dezelfde richting: onze vurende neuronen zijn de baas. Wij besluiten niet zelf dat we overgaan tot handelen, die beslissing neemt ons brein *voor ons*: we worden neurobiologisch gestuurd – en dat allemaal zonder dat we dat zelf doorhebben.

Een behoorlijk heftige conclusie. Want stel dat we met honderd procent zekerheid kunnen zeggen dat het moorden van Whitman veroorzaakt is door zijn hersentumor. Dan had Whitman niet anders kunnen handelen, die tumor zat er nu eenmaal – Whitman had dus geen keus. Kunnen we hem dan nog wel verantwoordelijk houden voor zijn gemoord?

Morele verantwoordelijkheid

Filosofen spreken in deze context over de (on)vrije wil, opgevat als 'keuzevrijheid' of het ontbreken daarvan. Anders gezegd: als je iets doet uit vrije wil, had je het ook net zo goed kunnen laten, of een andere keuze kunnen maken. Er zijn dus meerdere alternatieve wegen. En welke optie je ook kiest, de keuze is volkomen vrij.

Dit wordt vaak gekoppeld aan *morele verantwoordelijkheid* (wat niet hetzelfde is als de *juridische* verantwoordelijkheid uit de eerste twee delen van het boek). Iemand moreel verantwoordelijk houden betekent dat we iets wat de betreffende persoon doet 'goed' of 'slecht' vinden. Simpel gezegd prijzen we diegene om een 'goede daad' en verafschuwen we hem of haar in het tegenovergestelde geval. Zo wordt de brandweerman die een kind uit een vuurzee redt bewonderd en vinden we de buurman die zijn muziek te hard aanzet asociaal. Beide mannen zijn 'moreel verantwoordelijk' voor hun actie: de brandweerman voor zijn heldhaftige optreden, de buurman voor zijn beats van 120 decibel.

Nu is de gangbare gedachte dat we (moreel) verantwoordelijk zijn voor een handeling als we ook iets anders hadden kunnen doen, als er alternatieve mogelijkheden waren. De brandweerman is te prijzen om zijn reddingsactie, omdat hij er ook voor had kunnen kiezen om eerst versterking te roepen. De buurman is te berispen voor de geluidsoverlast; hij had de volumeknop ook iets minder ver kunnen opendraaien. Of als je bijvoorbeeld besluit om de wekker uit te drukken omdat je wilt uitslapen, is het jouw verantwoordelijkheid (of 'schuld') dat je vervolgens te laat komt. Je had immers ook gewoon op tijd op kunnen staan.

Maar is het omgekeerde ook waar? Als er *geen* alternatieve mogelijkheden zijn, zijn we dan ook niet meer verantwoordelijk voor wat we doen? In het meest extreme geval: als afwijkingen in de prefrontale cortex, hypothalamus of temporaalkwab tot een moord leiden, kunnen we moordenaars dan nog wel wat kwalijk nemen?

In 1969 publiceert de Amerikaanse filosoof en Princeton hoogleraar Harry Frankfurt zijn artikel *Alternate possibilities and moral responsibility*. Hierin laat hij zien dat er ook zónder alternatieve mogelijkheden sprake kan zijn van morele verantwoordelijkheid. Met andere woorden: ook als ons handelen vooraf vaststaat, kunnen we verantwoordelijk zijn voor ons doen en laten. Met behulp van Frankfurt zullen we dit nu wat concreter maken. Het artikel bevat een kader voor een gedachte-experiment, dat de lezer zelf moet invullen. Frankfurt heeft een aantal eisen waaraan dat kader moet voldoen en gidst de lezer op die manier door zijn betoog. Ene meneer Jones en ene meneer Black hebben de hoofdrol. Wij volgen Frankfurt, en kleuren zijn gedachte-experiment in met een moordzaak.

Stel je maar voor:

Jones staat op het punt om een moord te plegen op de kassière van een benzinestation. Hij wil de dagopbrengst meenemen, zonder dat er getuigen overblijven. De bewakingscamera's heeft hij al eerder gesaboteerd. Maar net als Jones wil overgaan tot de moord, komt een grote, vierkante spierbundel aanlopen. Het is Black. Hij vouwt zijn ruwe handen om Jones' nek.

'Als je nu niet doet wat ik zeg, gaat je dochtertje eraan.' Op zijn gezicht verschijnt een akelige grijns. 'Je vermoordt die caissière,' snauwt hij, niet wetende dat Jones al van plan was om de moord uit eigen beweging te plegen.

Frankfurt schetst nu vier verschillende scenario's met steeds een andere Jones. In elk scenario gaat Jones over tot de moord, maar er is steeds een klein verschil in wát Jones uiteindelijk tot de daad beweegt.

In het **eerste scenario** is Jones een ijskoude man, iemand die doet wat hij heeft besloten, *no matter what*. Bijvoorbeeld:

Jones haalt zijn schouders op en kijkt Black aan. Op geen enkele manier is hij onder de indruk van het dreigement. Hij trekt de bivakmuts over zijn hoofd en loopt naar het tankstation. Het pistool onder zijn jas houdt hij stevig vast, alles gaat volgens plan. In gedachten zit hij al op het tropische eiland, de cocktail waarmee hij straks op het strand zal zitten kan hij haast proeven.

Dan schiet hij.

In dit scenario is Jones angstaanjagend ongevoelig voor het dreigement, Blacks woorden hebben zelfs geen enkele invloed. Jones moordt volledig uit eigen beweging – en dus is Jones (moreel) verantwoordelijk voor zijn daad.

In het **tweede scenario** is Jones wél compleet van slag door Blacks dreigement:

Jones begint te trillen. Hij kent Blacks reputatie: dit is menens. Bibberend pakt hij de bivakmuts en loopt als een bezetene richting het tankstation. Zijn dochtertje is zijn alles. Uit pure angst vergeet Jones helemaal dat hij zelf ook al van plan was om de moord te plegen.

Nu zou je kunnen beargumenteren dat het schot van Jones (mede) veroorzaakt is door Black: door het dreigement haalde Jones in blinde paniek de trekker over. Toch betekent dit niet dat Jones zijn handen kan wassen in onschuld: voordat hij Black tegenkwam stond hij immers nog zelf op het punt om de moord te plegen.

Het **derde scenario** onderzoekt een tussenvorm: Jones is niet volledig van de leg, maar ook niet compleet onverschillig ten opzichte van het dreigement:

Jones huivert als Black de naam van zijn dochtertje noemt. Hij voelt een hyperventilatieaanval opkomen. 'Niet nu,' mompelt Jones tegen zichzelf. Zijn stem bibbert. Hij neemt een diepe hap lucht en focust zich op zijn oorspronkelijke plan.

Tijdens het schot is hij Blacks dreigement vergeten.

In dit geval is Jones wel geraakt door het dreigement, maar pleegt hij de daad uiteindelijk uit zichzelf, níét vanwege het dreigement. Opnieuw is Jones dus verantwoordelijk.

In het **vierde scenario** is er geen sprake van een dreigement, maar wordt Jones een soort levende marionet van Black. En omdat het een gedachte-experiment is, zijn de mogelijkheden onbeperkt. Frankfurt doet suggesties: Black geeft Jones een soort toverdrank waardoor Jones precies doet wat Black wil. Of Black manipuleert Jones' brein waardoor hij Jones op afstand kan besturen. Of hij hypnotiseert Jones op zo'n manier dat Jones hem blind gehoorzaamt. Je ziet het: aan fantasie geen gebrek. Waar het om gaat is dat het door de toverdrank, breinmanipulatie of hypnosekrachten *van tevoren* vaststaat dat Jones zal handelen volgens Blacks duistere bedoelingen. Het betekent dus dat Jones de moord *sowieso* gaat plegen. Black bedreigt Jones dan ook niet, dat is niet meer nodig. Hij bekijkt Jones slechts van een afstandje.

Hierdoor verandert het kader iets:

Jones staat op het punt om een moord te plegen op de kassière van een benzinestation. Hij wil de dagopbrengst meenemen, zonder dat er getuigen overblijven. De bewakingscamera's heeft hij al eerder gesaboteerd.

Black tuurt door zijn verrekijker naar Jones. Binnen een paar minuten zal hij zijn hypnosekrachten op Jones loslaten.

Maar dan gebeurt er iets verrassends: zonder dat Black ook maar iets doet, schiet Jones uit eigen beweging de kassière neer.

Stomverbaasd blijft Black achter, zonder zijn befaamde hypnosetechniek gebruikt te hebben.

De clou van dit scenario: door Blacks hypnosekrachten (of toverdrank, of breinmanipulatie) staat vast dat Jones de trekker zal overhalen – er is *geen alternatieve mogelijkheid*. Tegelijkertijd pleegt Jones de daad niet onder invloed van Black, maar moordt hij omdat hij het *zelf* wil. En dáárom is Jones – en niet Black – verantwoordelijk voor de moord. Dus: géén alternatieve mogelijkheden, wél verantwoordelijkheid.

Waarom dit relevant is? Lees bovenstaande scenario's nog maar een keer, en vervang 'Black' door 'hersentumor'.

Dan krijg je het volgende: in **scenario 1 en 3** is de hersentumor níét van invloed geweest op de moord: Jones is hier even verantwoordelijk als iemand zonder hersentumor.

In **scenario 2** heeft de hersentumor deels, maar niet volledig doorgewerkt op het handelen van Jones: Jones blijft (gedeeltelijk) verantwoordelijk voor de moord. En in **scenario 4** is Jones even verantwoordelijk voor de moord als in 1 en 3, al had hij door de hersentumor niet anders gekund.

Onze vraag was of we moordenaars nog wel wat kwalijk kunnen nemen als hun breinafwijkingen tot een moord leiden. Als we Frankfurt volgen is de vraag dus maar beperkt relevant: de breinafwijking is niet hetgeen dat onze (morele) verantwoordelijkheid volledig bepaalt. Het gaat erom of de moordenaar heeft gehandeld zoals hij, diep vanbinnen, *wilde*. Niet of hij, door die breinafwijking, *niet anders had gekund.*

Wil de moordenaar moorden?

Frankfurts analyse zou ook voor Whitman relevant zijn geweest, als hij niet was doodgeschoten door de politie natuurlijk. Want als we Frankfurts redenatie doortrekken, pleit een hersentumor Whitman niet vrij – het gaat erom of zijn gemoord in overeenstemming was met wat hij 'echt' wilde.

Dit is in de praktijk alleen lastig te onderzoeken. Zelfs als Whitman het overleefd zou hebben en genezen zou zijn van de tumor, is het ingewikkeld om Whitmans wil objectief aan te tonen. Je kunt hem moeilijk opnieuw met machinegeweer naar de universiteit sturen om te kijken of hij weer gaat schieten.

Toch zou Whitmans gemoord wel (meer) toegeschreven kunnen worden aan de hersenafwijking, als met het weghalen van de tumor ook Whitmans 'irriationele gedachten' verdwijnen – en daarmee ook zijn moordneigingen. Dus áls Whitman het bloedbad had overleefd, áls de tumor was ontdekt, áls het gezwel vervolgens was verwijderd door de neurochirurg, en áls Whitman daarmee weer de oude geworden zou zijn, dán zou je kunnen beargumenteren dat de hersentumor ook zijn wil, in ieder geval gedeeltelijk, heeft aangetast. En dan kun je je afvragen of hij moreel verantwoordelijk kan worden gehouden voor de moord.

Veel 'als' dus.

En daarmee blijft de empirische onderbouwing op zijn zachtst gezegd lastig.

Aanvullend zou je als bezwaar kunnen hebben dat Frankfurts gedachte-experiment wel heel onwerkelijk is: toverdrank, breinmanipulatie, hypnose... Toch is het voorbeeld realistischer dan je denkt – wat de hypnose betreft dan.

De hypnosemoorden

In Kopenhagen wordt op 29 maart 1951 de Landsmansbank overvallen. Palle Wichman Hardrup schiet twee bankmedewerkers dood. Daarna vlucht hij op een fiets. Al vrij snel wordt hij aangehouden en gearresteerd. De fiets blijkt van zijn vriend, Bjorn Schouwen-Nielsen. Ook de kogels zijn van Nielsen.

Hardup en Nielsen kennen elkaar uit de gevangenis. Ze zaten daar een celstraf uit vanwege landverraad; tijdens de Tweede Wereldoorlog vochten de twee voor het Duitse leger. Achter de tralies hebben de vrienden het plan gevat om een neonazistische partij op te richten. Daar is geld voor nodig en zo ontstond het motief voor de bankoverval. Maar in de cel houden ze zich niet alleen bezig met hun partijplannen: Nielsen zou Hardrup regelmatig hypnotiseren. En door zijn uitmuntende hypnosetechniek zou hij Hardrup alles kunnen laten doen wat hij maar wilde.

Nielsen wordt opgepakt, omdat hij verdacht wordt van medeplichtigheid. Maar al snel spreekt de rechtbank hem vrij: met de hypnosetheorie hebben de rechters weinig op en er is nauwelijks concreet bewijs. Hardrup, die de trekker overhaalde, wordt wel veroordeeld, maar moet naar een psychiatrische instelling vanwege een geestesziekte, misschien omdat hij het steeds heeft over een 'geestelijke bewaker'.

Een jaar later verklaart Hardrup zelf dat hij gehypnotiseerd is door Nielsen. Hij beweert dat hij de moorden in trance heeft gepleegd. Met die geestelijke bewaker zou hij Nielsen bedoeld hebben. De zaak wordt heropend, Hardrup wordt opnieuw onderzocht. De psychiater concludeert dat hij de moord inderdaad onder hypnose heeft gepleegd. Niet Hardrup, maar Nielsen is de moordenaar. Hardrup is 'even onschuldig als het pistool'.

Dit leidt in Denemarken tot veel ophef. Uiteindelijk worden beide mannen schuldig bevonden: Hardrup vertrekt opnieuw naar een instelling en Nielsen wordt veroordeeld tot levenslange dwangarbeid. Maar hiermee is het verhaal nog niet klaar. Het land wordt meer dan vijftig jaar later opnieuw overspoeld door de 'hypnosemoorden', dit keer omdat *Murderous Trance* in première gaat, een film die gebaseerd is op het verhaal van Hardrup en Nielsen. En de ophef gonst wéér door de Deense straten: kan dat wel, iemand tegen zijn wil in laten moorden?

Misschien zat Frankfurt dus niet eens zo ver van de werkelijkheid af. Het maakt Frankfurts punt in ieder geval bijzonder relevant: de hypnose is niet de enige factor die bepaalt of Hardrup verantwoordelijk kan worden gehouden voor de moord. Want zelfs als de veronderstelde 'hersenschade' resulteert in een moord, gaat het erom of Hardrup het levensdelict in overeenstemming met zijn wil heeft gepleegd. Dát maakt hem verantwoordelijk, trance of geen trance.

De toerekenbaarheid van breinmoordenaars

Een gehypnotiseerd brein, een prefrontale cortex die eruitziet als een walnoot en een amygdalatumor zijn dus onvoldoende om de moordenaar vrijuit te laten gaan. Met behulp van Frankfurt wordt duidelijk dat deze 'breinmoordenaars' een genuanceerde benadering vereisen. Want niet alleen hun breinafwijking, ook hun gedachten doen ertoe. Preciezer gezegd: het gaat erom in hoeverre de breinafwijking hun gedachten heeft beïnvloed.

Deze analyse ligt niet zo ver af van de manier waarop ons strafrechtsysteem omgaat met moordenaars met een psychiatrische aandoening, stoornissen die we níét kunnen aanwijzen op een hersenscan. Eigenlijk onderzoeken rapporteurs zowel de 'alternatieve mogelijkheden' (had de dader controle over zijn handelen? Wist hij wat hij deed?) als het 'eigenlijke willen' van de moordenaar (heeft hij over zijn daad nagedacht? Wilde hij – al langere tijd – 'echt' moorden?). Psychiatrische aandoeningen kunnen zo op verschillende manieren doorwerken op het handelen van de moordenaar, wat vervolgens van invloed is op de *toerekeningsvatbaarheid* (deel 1 van dit boek).

Ook bij breinmoordenaars kan dit toegepast worden. Zo kan Whitmans hersentumor (deels) van invloed zijn geweest op de moord – waardoor hij (gedeeltelijk) ontoerekeningsvatbaar zou zijn. Aanwijsbare breinafwijkingen behoeven in dit opzicht dus geen andere benadering dan psychiatrische stoornissen: het toerekenbaarheidsprincipe kunnen we zowel op hersentumoren als op psychoses toepassen.

Toch kunnen neurowetenschappelijke bevindingen wél nieuw leven blazen in ons strafrechtsysteem. Hoe meer we snappen over de werking van ons brein, hoe beter we weten wat de invloed van de hersenafwijking op het handelen van de moordenaar is geweest. Wellicht dat we vaker een neuroloog of neurowetenschapper als deskundige in de rechtbank zullen aantreffen, zoals sommige juristen opperen in het vakblad *Delikt en Delinkwent*. En ook in het programma *Nieuwsuur* pleiten wetenschappers van het Pieter Baan Centrum voor meer hersenonderzoek bij verdachten.

Maar of moordenaars nou een psychose of een hersentumor hebben, uitgangspunt blijft dat ze – in principe – verantwoordelijk zijn voor hun daden. Of, zoals oud-officier Paul van de Beek (uit hoofdstuk 5) schrijft in het *Nederlands Juristenblad:* 'Een lege maag geeft als hersenimpuls de wil om te eten, maar het spreekt voor zich dat niemand een broodje uit andermans handen grist.'

9

EEN REDEN, GEEN EXCUUS

We zijn al een paar jaar bezig met ons onderzoek als we op een fragment over slaapwandelen stuiten. Het BBC-artikel uit 2010 gaat niet over onschuldige nachtelijke escapades, maar over bijzonder bloederige slaapervaringen, échte nachtmerries. We zitten meteen rechtop. Ene Brian Thomas droomt op een nacht dat hij afrekent met een groep inbrekers, terwijl hij op dat moment in werkelijkheid zijn vrouw wurgt, waardoor ze komt te overlijden. Een afschuwelijk verhaal, maar we schuiven al helemaal naar het puntje van onze stoel als we erachter komen dat Thomas niet de enige is die 's nachts zo tekeergaat: het verhaal van de 'slapende' drieëntwintigjarige Kenneth Parks uit Canada is minstens even gruwelijk.

Het is mei 1987. Parks is werkloos en heeft serieuze geldproblemen. Op een avond kan hij voor de zoveelste keer niet in slaap komen. De problemen draaien in cirkeltjes door zijn hoofd. Om het gemaal te doorbreken staart hij naar het flitsende tv-scherm. Hij registreert nauwelijks wat er wordt gezegd, maar voelt wel dat zijn oogleden zwaarder worden. Eindelijk, zucht hij, net voordat hij indommelt. De tv staat nog aan.

Niet veel later stapt hij in de auto. Hij rijdt naar de ouders van zijn vrouw en doorboort zijn schoonmoeder met het keukenmes. Ze is op slag dood. Daarna richt hij zich tot zijn schoonvader. Hij overleeft Parks' aanval maar net.

Pas ná deze surrealistische slachtpartij wordt Parks wakker. Hij ziet zijn schoonmoeder liggen en tot zijn schrik bemerkt hij dat hij onder het bloed zit. Ontsteld krabbelt Parks aan zijn voorhoofd. Hij zal toch niet... Dan dringt de pijnlijke realiteit tot hem door: zíjn auto voor de deur, bloed op zíjn handen, dit kan maar één ding betekenen. Hij meldt zich direct bij de politie. 'Ik denk dat ik mensen heb vermoord,' stamelt hij.

Volgens Parks' advocaten is er een duidelijke verklaring voor de misdaad: hij was aan het slaapwandelen. In deze volledig onbewuste toestand heeft hij gehandeld op een manier die hem niet 'eigen' was. Waarom zou Parks in vredesnaam zijn schoonouders vermoorden?

In de rechtszaal bepleiten ze dat de moord is gepleegd zonder dat Parks daar zelf enige invloed op heeft gehad. Daarom is er sprake van een ongeluk, niet van een moord. Niet Parks is schuldig, maar zijn brein.

De advocaten krijgen gelijk: Parks wordt vrijgesproken. Geen moord, zelfs geen doodslag – het was een ongeluk.

Een fascinerende zaak, die onze wenkbrauwen omhoog laat schieten. Kan de persoon Parks op de een of andere manier 'uitgezet' worden in zijn slaap? Kan die 'eigen' of 'echte' wil waar we het in het vorige hoofdstuk over hadden, volledig inactief gemaakt worden? En gaat dan niet elke moordenaar beweren dat hij aan het slaapwandelen was?

Dat laatste is inderdaad al een aantal keer geprobeerd, onder andere door een vrouw uit Nunspeet, voor het gemak noemen we haar hier Roxanne. Op oudejaarsavond in 2006 schiet ze vanuit haar zolderraam een buurtbewoner neer. Volgens haar eigen verklaringen gebeurde het tijdens het slaapwandelen, maar later blijkt dat ze in dronken toestand heeft geschoten. Ook heeft ze overwogen om de lege kogelhulzen weg te moffelen. In tegenstelling tot Parks wordt Roxanne wél veroordeeld. Zij gaat niet vrijuit, maar vertrekt naar de gevangenis.

Per ongeluk moorden

Of mensen 'per ongeluk' kunnen moorden in hun slaap is lastig te zeggen. In de Verenigde Staten is er zelfs een speciaal instituut dat onderzoekt of mensen hun misdaad hebben begaan vanuit dromenland: de *Sleep Forensics Associates* in Minneapolis, Minnesota. Tussen 2006 en 2017 werden zij 351 keer geconsulteerd, in 57 gevallen ging het om een levensdelict. In dit centrum wordt onder andere de hersenactiviteit van mensen als Parks tijdens de slaap gemeten met een EEG – hetzelfde plakkerige ding als bij het experiment van Benjamin Libet.

Door dit soort onderzoek weten we dat slaapwandelaars niet volledig wakker worden uit hun diepe slaap: sommige hersengebieden ontwaken wel, andere niet. Bij agressieve slaapwandelaars is de gedachte dat het meer 'primitieve' hersengedeelte wakker wordt, terwijl het 'hogere' (meer frontale) hersengedeelte doorslaapt. De slaapwandelende moordenaar kán zijn agressie dus niet afremmen: de 'hogere' hersengedeelten – die verantwoordelijk zijn voor dat remmen – slapen immers nog. Dat is in ieder geval het idee. Helemaal zeker is dat natuurlijk niet, want weinig moordenaars zullen tijdens de daad een EEG-registratie op hun hoofd hebben.

Toch geeft Parks' EEG wel de doorslag: hij gaat vrijuit. Volgens de jury laat het zien dat zijn moorddadige willen, denken en handelen tot zijn slapende brein te reduceren zijn. Het bloederige pad werd niet bewandeld door Parks, zijn neuronen bepaalden de weg – een EEG als ontlastend bewijs.

Het zit ons ergens niet helemaal lekker. Het voelt vreemd om Parks en zijn hersenen van elkaar te scheiden. Alsof hersenen, of agressieve primitieve impulsen, niet horen bij wie Parks ís. Kunnen we Parks wel 'loskoppelen' van zijn brein? En als dat kan, waar ligt dan de grens? Stel dat niet de slaap, maar een gewelddаdig computerspel tot moorden aanzet. Gaan we dan ook beweren dat de moord in zijn geheel te reduceren is tot een gameverslaafd brein? Wijzen we dan ook naar de verslaafde hersenen? Spreken we die moordenaar dan ook vrij?

Ook als het Anders Breivik is?

Laten we dit eens nader bekijken. Voor de massamoord speelt Breivik schietgames als *Call of Duty* en *World of Warcraft*. In de rechtszaal brengt hij meerdere keren de Hitlergroet. Stel dat de gewelddadige games en het naziregime Breivik via een breinproces hebben aangezet tot zijn daad. Dus *doordat* zijn brein het geweld uit de games en het naziregime registreert, zetten zijn neuronen hem aan tot moorden. 'Brein registreert schoten – brein wil zelf ook schieten – Breivik voert uit'.

Of zoiets.

Toch zou het vreemd zijn om Breiviks gemoord te reduceren tot zo'n neuronale stimulus-responsreactie tussen zijn hersenen, de games, het naziregime en de massamoord, want na een uitgebreid herhaald psychologisch en psychiatrisch onderzoek, in de rechtszaal én in Breiviks 1500 pagina tellende manifest wordt pijnlijk duidelijk dat Breivik het bloedbad al lange tijd echt gewíld heeft. Hij is zelfs trots op zijn daden. De massamoord lijkt dus echt niet los te staan van Breivik als persoon, maar hoort bij zíjn doelbewuste, geplande én gewilde actie. Een actie van Breivik, niet (alleen) van zijn brein.

De fanatieke neuroreductionist zou waarschijnlijk niet overtuigd zijn. Hij zou bijvoorbeeld kunnen claimen dat Breiviks *hele persoon* terug te brengen is tot één groot uitgebreid netwerk van neuronale stimulus-responsreacties: wij zíjn ons brein.

Het blijft wringen. Tijd om er een paar andere denkers bij te halen.

Een redeneerfout

Filosoof Bert Keizer stelt dat de 'wij-zijn-ons-brein-en-de-vrije-wil-bestaat-niet-bewering' berust op een redeneerfout. Over Libets experiment schrijft hij: 'Aan mijn persoonlijke beleven heeft dit experiment in ieder geval niets afgedaan of toegevoegd, in die zin dat ik op zoek naar een menu voor het avondeten niet bij de pakken neer ben gaan zitten onder de wanhopige uitroep: "Wat maakt het uit of ik voor bietjes of prei kies, het besluit is immers elders toch al genomen?"'

Volgens Keizer zit de misvatting in het volgende: op basis van neurowetenschappelijke bevindingen wordt geconcludeerd dat onze geestelijke activiteit terug te brengen is tot een stel vurende neuronen – en dat klopt niet. Willen, controleren, weten en nadenken zijn allemaal geestelijke activiteiten en ongetwijfeld vuren onze neuronen bij alle vier. Toch is de gedachte aan een moord iets heel anders dan echt moordenaar willen zijn, wat weer verschilt van het besluit om daadwerkelijk iemand om te leggen. Kortom: wát er precies wordt teruggebracht tot ons brein is onduidelijk. Nu zal onze geestelijke activiteit (in al haar verschillende vormen) vast wel samenhangen met ons brein, maar dat betekent niet dat ze ertoe terug te brengen is. De redeneerfout: er is sprake van een correlatie, een samenhang, en niet van een reductie.

Deze logica wordt duidelijker als we kijken naar andere correlaties. Zo is er niet alleen een samenhang tussen onze geestelijke activiteit en onze hersenen. Ook andere lichamelijke zaken zijn in verband gebracht met ons denken. Zaken als onze ademhaling, pupilgrootte, hartslag, en zweetproductie.

Neem bijvoorbeeld een leugendetector. Hoge ademhaling, een bonkend hart, hoge bloeddruk en klamme handjes tonen allemaal aan dat iemand zou kunnen liegen. Maar dit betekent niet dat onze geestelijke activiteit terug te brengen is tot onze zweethanden. Laat staan dat we aan de hand van onze klamme handjes gedachten kunnen lezen. Of dat we beweren dat ons denken niets meer is dan onze zweetproductie. Ook hier: onze geestelijke activiteit (het liegen) hangt samen met onze ademhaling, pupilgrootte, hartslag en zweetproductie, maar ze is er niet toe terug te brengen: een correlatie, geen reductie.

Daarbij is de relatie tussen ons geestelijk leven en onze hersenactiviteit sowieso een lastige. Dit is nog voorzichtig gezegd, want deze kwestie is een eeuwenoude, misschien wel net zo oud als de vraag of we zelf controle hebben over ons handelen. Gelukkig legt Keizer dit glashelder uit, waarbij hij gebruikmaakt van… een aardappel. In *Trouw* schrijft hij: 'Ik zou zeggen dat de aardappelprijs geestelijk is, maar de aardappel stoffelijk. Die twee zijn onlosmakelijk met elkaar verbonden, maar het is niet zo dat die prijs eigenlijk een aardappel is, hoewel hij wel door aardappels wordt bepaald. Wie zegt dat geestelijke activiteit eigenlijk een kwestie is van neurologische impulsen, zegt dat sommige euro's eigenlijk aardappels zijn. Of in Dick Swaabs ultrakorte opsomming van deze verwarring: "Wij zijn ons brein."'

Dus: aardappelprijzen hangen samen met aardappels, maar ze zijn er niet toe terug te brengen. Net zoals onze geestelijke activiteit samenhangt met ons brein, maar er niet toe te reduceren is. We zullen onze geestelijke activiteit dus nooit volledig vangen op een EEG, MRI of CT-scan. Niet omdat we niet goed kijken, of omdat de scans nog onvoldoende ontwikkeld zijn, of omdat de benodigde technologieën te duur zijn. Het gaat erom dat de geestelijke activiteit van willen, controleren, weten en nadenken niet te reduceren is tot onze hersenen. Het is een begripsmatige onmogelijkheid.

Gedachten kun je niet invriezen

De filosofische stroming die zich bezighoudt met vragen over het 'zijn' van dingen wordt *ontologie* genoemd. Deze stroming kan het punt van Keizer verder verduidelijken. De Amerikaanse filosoof John Searle onderscheidt twee ontologische niveaus, twee niveaus van 'zijn'.

Aan de ene kant heb je dingen als bergen, rotsen of stenen. Die zijn *ontologisch objectief*, wat betekent dat ze onafhankelijk van de menselijke ervaring bestaan. Zo maakt het voor de berg, de rots en de steen weinig uit of er mensen zijn. Ook zónder mensen gaan ze gewoon door met berg zijn, rots zijn of steen zijn.

Daartegenover plaatst hij *ontologisch subjectieve* fenomenen, zaken die niet los van de mens bestaan, maar die door mensen worden ervaren. Dit zijn bijvoorbeeld gedachten, gevoelens en emoties, maar ook sociale constructen zoals het huwelijk, het financiële systeem of onze regering. Zonder mensen zijn onze gedachten, gevoelens en emoties verdwenen en valt er ook weinig te trouwen, te kopen of te besturen.

Tussen de verschillende zijnsniveaus bestaat er een wisselwerking. Ons financiële systeem (subjectief) hangt bijvoorbeeld samen met een briefje van vijf dollar (objectief). Tegelijkertijd is ons geldstelsel niet terug te brengen tot een bankbiljet: het zijn twee verschillende dingen.

Op dezelfde manier kun je ons brein en onze geestelijke activiteit van elkaar onderscheiden. Het klinkt misschien wat vreemd, maar ons brein hoeft, net als ons lichaam, niet door een mens ervaren te worden om te bestaan. Concreter gezegd: als iemand overleden is, bestaat zijn hersenweefsel nog steeds. We kunnen het invriezen en (anderen) kunnen het zelfs bekijken onder een microscoop. Dat is anders bij onze geestelijke activiteit. Als wij er niet meer zijn, is ons denken er ook niet meer. Als we Searles onderscheid aanhouden is ons brein *ontologisch objectief* en onze geestelijke activiteit *ontologisch subjectief*. Onze hersenen en ons denken bevinden zich dus op een ander ontologisch niveau: twee verschillende fenomenen.

Daar komt nog iets bij: de ontologische vragen over het *zijn* van dingen moeten we niet verwarren met epistemische vragen over het *kennen* van dingen. In normaal Nederlands: we kunnen kennis hebben over onze gedachten, gevoelens en emoties, zonder verstrikt te raken in de vraag wát onze geestelijke activiteit precies is. Zo weten we bijvoorbeeld niet precies wat pijn is, maar hebben we wel de kennis dat paracetamol helpt tegen verschillende soorten pijn.

Op dezelfde manier kunnen we ook over onze geestelijke activiteit kennis vergaren, kijk maar naar de slaapwandel-zaak van Roxanne. Op basis van zo objectief mogelijke feiten wordt informatie verzameld over de bijna fatale gebeurtenis van die nacht. Met behulp van getuigenverklaringen, onderzoek door deskundigen, Roxannes bekentenissen en lege kogelhulzen wordt geconstrueerd wat er ongeveer gebeurd moet zijn. Daarmee weten we nog steeds niet wat Roxannes geestelijke activiteit precies is geweest, maar krijgen we wel steeds meer kennis over de feitelijkheden van die nacht. En uiteindelijk is het aan de rechters om deze kennis te wegen.

Keizers aardappelargument en Searles uiteenzetting laten allebei zien dat ons brein niet hetzelfde is als onze geestelijke activiteit. We kunnen ons hersenweefsel in beeld brengen met een CT-scan, neurochirurgen kunnen het vastpakken en wetenschappers kunnen het onderzoeken met behulp van EEG's. Dat kan niet met onze geestelijke activiteit: we kunnen haar niet vangen in een scan, we kunnen haar niet aanraken en ook niet in een grafiek weergeven. We kunnen haar alleen ervaren: wíj willen, controleren, weten en denken na. Samengevat: we hébben een brein, maar zíjn het niet.

Het opzetbegrip bij breinmoordenaars

De samenhang tussen die twee verschillende zaken, ons brein en onze 'eigen wil', is uiterst relevant voor onze strafrechtelijke omgang met breinmoordenaars. Kijk maar naar de slaapwandelzaak van Parks. Door zijn slapende brein was hij niet meer in het hier en nu, maar in dromenland. Zijn 'slaapwandelziekte' bracht hem compleet van de wereld. Met andere woorden: Parks wil was volledig overgenomen door de afwijking, waardoor hij werd vrijgesproken; het was een ongeluk. Op deze manier kan een breinafwijking dus ook doorwerken op het strafrechtelijke opzetbegrip (deel 2 van dit boek).

Maar of hiermee bij elke moordenaar met een hersenafwijking sprake is van een ongeluk *in plaats van* een moord, is niet gezegd. Dat zal per dader moeten worden bekeken, net als bij moordenaars met een psychiatrische ziekte.

Langs de strafrechtelijke jurisprudentie bekeken zal een stoornis – of daarmee nou een psychose of een afwijkend EEG wordt bedoeld – alléén tot vrijspraak leiden als *ieder inzicht* in eigen handelen ontbreekt. Op deze manier is dus geoordeeld bij Parks, maar dit is zowel bij breinafwijkingen als bij psychische ziekten uiterst zeldzaam. Kijk maar naar hoofdstuk 6: zelfs de evident psychotische Malek F., die drie omstanders aanvloog gaat niet vrijuit. Er was geen twijfel over de stoornis: F. zag zijn slachtoffers aan voor duivelaanbidders. Maar ondanks de psychose was F. niet (compleet) van de wereld; hij was nog in staat om een plan te maken én om dat plan uit te voeren. En dat (heel) kleine beetje realiteitsbesef is volgens de juridische logica voldoende voor opzettelijk handelen: F. wordt dan ook veroordeeld. Tegelijkertijd is hij door zijn psychose wél volledig ontoerekeningsvatbaar, waardoor hij geen straf, maar een behandeling krijgt.

Net als bij daders met een psychiatrische stoornis, zal het er bij 'breinmoordenaars' om moeten gaan *in hoeverre* de geestelijke activiteit is aangetast. En dat brengt ons terug bij de zaak van Charles Whitman. Zelfs als we ervan uitgaan dat zijn tumor direct verband heeft gehad met de massamoord, is niet gezegd dat er sprake is van een 'ongeluk'. Daarvoor moest Whitman immers *compleet* van de wereld zijn en dat lijkt niet het geval: hij is nog in staat om een brief te schrijven, om een vooropgezet plan te maken én om dit plan uit te voeren. Dus als Whitman het overleefd zou hebben, dan denken wij niet dat zijn tumor tot vrijspraak had geleid. Het lijkt ons waarschijnlijker dat hij door zijn tumor ontoerekeningsvatbaar (en daarmee niet strafbaar) zou zijn bevonden, net als Malek F.

Neurowetenschappelijke ontdekkingen hoeven de verantwoordelijkheid van de moordenaar dus niet te ondermijnen. Met andere woorden: een (hersen)stoornis is misschien wel een reden, maar het is (bijna) nooit een excuus.

Een laatste experiment (echt...)

Wil je onderstaande som oplossen? Zo meteen lees je het antwoord, maar je mag nog niet spieken. Dus: eerst zelf antwoord geven, daarna kijken.

Nee, niet je telefoon pakken, uit het hoofd natuurlijk!

Neem alle tijd – wij hebben geen haast. Niet stiekem op de volgende bladzijde gluren hè?

Klaar?

Hier komt-ie:

1 + 8 + 18 – 12 + 19 – 7 + 17 – 2 + 8 – 4 = …?

Nog niet kijken.
Nog steeds niet.
Ben je zover?

Ja?

Op de volgende bladzijde het antwoord:

46.

En?

Had je het goed?

Stiekem valsgespeeld?

(Eerlijk zeggen!)

Als het antwoord 'nee' is, ben je er waarschijnlijk van overtuigd dat wij mensen een vrije wil hebben. En als je wél hebt gespiekt is de kans groot dat je níét in de vrije wil gelooft. Tenminste, als we de onderzoeken moeten geloven. Volgens sommige experimenten bepaalt ons geloof in de vrije wil namelijk ons morele gedrag. Vergelijk het met de invloed die Sinterklaas heeft op kinderen: als ze erin geloven willen ze zich graag 'goed' gedragen, maar zodra ze weten dat hij verzonnen is, kan het ze allemaal wat minder schelen.

Zo is er een experiment gedaan waarin de helft van een groep proefpersonen een onderzoek te lezen krijgt dat claimt dat de vrije wil een verzinsel is, terwijl de andere helft wordt voorzien van lectuur met de tegenovergestelde conclusie: de vrije wil bestaat wél. Beide groepen moeten vervolgens ingewikkelde sommen maken en allebei kunnen ze spieken. Wat blijkt: er wordt significant meer gespiekt in de groep die ervan overtuigd is geraakt dat de vrije wil *niet* bestaat.

In een ander experiment worden proefpersonen op een vergelijkbare manier ingedeeld, ook hier moeten moeilijke vraagstukken opgelost worden. Maar dit keer krijgen de deelnemers een beloning: elk goed antwoord levert één dollar op.

Terwijl de hersenen van de proefpersonen kraken, kijkt de surveillant op haar telefoon. Zogenaamd verschrikt mompelt ze dat ze een belangrijke vergadering vergeten is, waar ze écht heen moet. Of de proefpersonen zelf even hun werk willen nakijken en daarna zichzelf willen uitbetalen. En nu mag jij raden welke groep meer dollars dan goede antwoorden verzamelt: precies, de anti-vrije-wil groep.

Je ziet het: als we een excuus nodig hebben, is het wel zo makkelijk om onze vrije wil, en daarmee onze verantwoordelijkheid, te ontkennen.

Wellicht zullen de moordenaars van de toekomst hier dankbaar gebruik van gaan maken. Misschien zullen zij zichzelf buiten schot proberen te houden, door in de rechtszaal te zwaaien met een hersenscan, met daarop een prefrontale cortex ter grootte van een walnoot of een tumor in de amygdala. Of ze komen aan met een EEG waarop een afwijking in het morele netwerk, een hypnotische trance, of een slaapwandelstoornis te zien is. En terwijl ze de scan of het EEG vasthouden als hun meest waardevolle bezit, zullen ze met een ernstige ondertoon zeggen: 'Sorry, edelachtbare, het was mijn brein.'

Dán is het tijd om terug te vallen op filosofen als Frankfurt, Keizer en Searle. Want zij lijken een broertje dood te hebben aan deze te gemakkelijke koppeling tussen de neurowetenschappen, vrije wil en verantwoordelijkheid. En ook wij weten nu, dankzij hun uitvoerige en gedetailleerde blik, dat zo'n foto of grafiek bij lange na niet het hele plaatje laat zien.

IV

FEIT OF FICTIE?

10

MANNEN OP SLIPPERS

Lever, tuinbonen en een glas chianti: een avondmaal dat op het eerste gezicht niks met moord te maken heeft, maar dat wij er toch op een onsmakelijke manier aan verbinden. Anthony Hopkins' Oscarwinnende acteerwerk in *The Silence of the Lambs* (1991) is en blijft meedogenloos.

Achter glas, in een ondergrondse, zwaarbeveiligde psychiatrische inrichting zit een kalige man. Als hij zich omdraait schrik je je rot: het is de ijskoude blik van Hopkins als Hannibal 'The Cannibal' Lecter, een manipulatieve seriemoordenaar die zo nu en dan de organen van zijn slachtoffers opeet. Onbewogen vertelt Lecter over een van zijn 'veroveringen' – de lever maakt hij klaar met wat tuinbonen, het geheel werkt hij naar binnen met een glas lekkere rode wijn. Met een slurpende smakbeweging doet hij voor hoe. Dat laatste staat trouwens niet eens in het script, Hopkins improviseert.

Tijdens ons moordonderzoek denken wij nét iets te vaak aan die priemende duistere oogopslag van Hopkins. Ergens is dat irritant, want we weten heus wel dat Hopkins geen representatieve weergave is van de 'gestoorde' moordenaar. We hebben eindeloos veel moordzaken bestudeerd en geen enkel rechtbankverslag of nieuwsbericht heeft ons doen denken dat moordenaars met een stoornis eruitzien als kannibalistische monsters, hoe gruwelijk hun daden ook zijn. Daarbij hebben we vele experts gesproken – mensen die dagelijks werken met 'gestoorde moordenaars' – en niemand omschrijft ze als de griezelige gruwel die we op het witte doek hebben gezien.

Maar ondanks al die uren aan interviews, tig vonnissen en arresten en misschien nog wel meer wetenschappelijke publicaties over moordenaars met een stoornis, lukt het ons niet om volledig los te komen van het stereotype, monsters zoals Lecter. Ook bij ons, zélfs bij ons, is onze bloederige verbeeldingskracht actiever dan we zouden willen. Vooral als we het interviewen, lezen of schrijven even achter ons laten en de moordinformatie sluimerend rondspookt in ons hoofd, kan Lecter plots om de hoek komen kijken. Bijna onbewust hebben we een beeld van de gestoorde moordenaar, een haast karikaturale voorstelling die in de verste verte niet lijkt op zijn ware uiterlijk.

Iemand die een reëler beeld heeft, is hoogleraar Marieke Liem. Haar imposante carrière begon met onderzoek naar daders die eerst hun naasten en daarna zichzelf van het leven beroven en onderhand is ze een expert op het gebied van moord. De professor formuleert op een prettige no-nonsense manier haar onderzoeksbevindingen. 'Een moord is meestal veel banaler dan we denken; vaak is het simpelweg een klap te veel in een gewelddadige omgeving. Het is allemaal niet zo groots, meeslepend of sensationeel.'

Liem ondervindt dit al vroeg in haar (wetenschappelijke) moordcarrière. Zo kan ze zich nog goed herinneren dat haar supervisor werkt aan een psychologisch onderzoek van een man die verdacht wordt van een levensdelict. Liem, op dat moment nog psycholoog in wording, mag mee. Als jonge twintiger stapt ze zenuwachtig het cellencomplex binnen.

'Wil jij notities maken?' vraagt haar supervisor.

'Geen probleem.' Liem probeert de trilling in haar stem te onderdrukken.

Terwijl ze samen wachten, heeft ze de wildste ideeën: angstaanjagende gekken, agressieve engerds en andere intimiderende psychopaten spoken door haar hoofd. Liem is dan ook stomverbaasd als ze eindelijk oog in oog staat met de verdachte: een heel gewone man in een rafelig trainingspak. Op slippers.

Jorge, de dader uit de inleiding van dit boek, had een vergelijkbare ervaring. Bij gestoorde moordenaars dacht hij aan 'kwijlende, gevaarlijke beesten die platgespoten moesten worden'. Een beeld dat volledig veranderde toen hij zelf in een kliniek terechtkwam.

Nu staan Hannibal Lecter, het spookbeeld van studente Liem en Jorges beestachtige voorstelling niet ver af van het collectieve idee: de gestoorde moordenaar is een monsterlijke gevaarlijke gek – althans, dat dénken we.

Door jarenlang onderzoek naar karakteristieken, motieven en strafgegevens van moordenaars heeft Liem zich kunnen losweken van het stereotype. Hoe monsterlijk hun daden ook zijn, gestoorde moordenaars associeert zij inmiddels met zieke geslipperde mensen, niet met duivelse beesten. Maar door haar onderzoekservaring ziet ze ook nóg duidelijker hoe groot het verschil tussen feit en fictie is, tussen de realiteit en het cliché van de moordlustige griezel uit de kelder. Liem noemt dit de 'mythe van de moordenaar'.

Hoe komt de mythe tot stand? Waarom trekken we zijn slippers uit en maken we er een monster van? Wat zegt dat over ons? En hoezo denken we eigenlijk altijd aan een man?

Hiervoor moeten we zowel het ware uiterlijk als het stereotiepe beeld van de moordenaar onderzoeken: zijn slippers én zijn klauwen.

11

LIEVER EEN MONSTER

Om meer zicht te krijgen op de mythe van de moordenaar, gaan we honderd jaar terug in de tijd. *Disclaimer*: dit is geen gruwelijk verzinsel, maar écht gebeurd.

Als Augusta op 27 augustus 1906 de pasgeboren Edward in haar handen houdt, is ze teleurgesteld. Na Henry heeft God haar wéér een zoon geschonken. Ze had nog zo gebeden om een meisje.

'Is dit het?' vraagt ze zich hardop af, terwijl ze overspoeld wordt door een golf van zelfmedelijden. Als ze dit van tevoren had geweten, was ze nooit akkoord gegaan met die ellendige nacht negen maanden geleden. Die gore, zondige daad allemaal voor... een jongen? Of nou ja, zondig, seks is toegestaan voor de voortplanting. Maar in de Babylonische wereld van tegenwoordig wordt dat nogal eens vergeten. Vooral in haar woonplaats, het Amerikaanse stadje La Crosse in Wisconsin, gedragen mannen zich als onkuise, op seks beluste wezens. Haar eigen vent is geen haar beter. Die sukkel kan ook nog eens geen werk vinden. En als hij dan toch een baan krijgt, is hij te dronken om 'm te behouden.

Zuchtend wiegt ze haar baby. Dit exemplaar gaat ze anders opvoeden, belooft ze aan zichzelf. Kleine Ed zal alles goedmaken.

Augusta kijkt naar haar man. Nu ze de eerste teleurstelling rondom het geslacht van haar baby te boven is, voelt ze haar walging weer opkomen.

Hij kijkt niet terug, maar neemt nog een slok van zijn wodka.

Moeder Augusta houdt woord. Kleine Ed wordt anders grootgebracht dan andere jongens. Kortgezegd is zijn jeugd streng, hard, en volkomen liefdeloos.

Als Ed zo'n zeven jaar oud is besluit Augusta om te verhuizen naar een afgelegen boerderij in Plainfield, een gehucht dat ook in Wisconsin ligt. De vrouw is bang dat haar zoon anders verpest zal worden door 'duivelse' invloeden van de stad. In deze nieuwe geïsoleerde omgeving krijgt Augusta alle ruimte om haar zoon nóg meer te indoctrineren met haar radicale religieuze opvattingen. Ze doordrenkt de jongen met Bijbelse teksten vol kindonvriendelijke onderwerpen als de dood, moord en goddelijke vergelding. Hoe langer ze er wonen, hoe extremer Augusta wordt. Op een gegeven moment verbiedt ze Ed om met andere kinderen om te gaan: hij moet direct na school naar huis. Ook op vader is geen enkel toezicht meer. Hij drinkt, slaat en schopt erop los – er is niemand in de buurt die hem tegenhoudt. Zo loopt de agressie als een rode draad door Eds jeugd: fysiek via zijn vader, verbaal en emotioneel via zijn moeder. Dat is niet het enige probleem: de landbouwgrond levert te weinig op om van te leven en het gezin kampt met steeds groter wordende geldzorgen, die de gekte van beide ouders nóg verder versterken.

De puberende Ed vlucht in een fantasiewereld, die hij inkleurt met de extremistische ideeën van zijn moeder en aanvult met teksten uit de Bijbel. Daarnaast ontwikkelt de jongen een obsessie voor barbaren en kannibalistische volkeren ver van Wisconsin vandaan. Inspiratie haalt hij uit boeken en tijdschriften, zijn enige bron van vermaak.

Eenmaal volwassen is Ed niet in staat om contact te maken met anderen, is hij ervan overtuigd dat alle vrouwen (behalve zijn moeder) zondig zijn en denkt hij dat seksualiteit iets duivels is. Compleet gehersenspoeld zweert hij trouw aan zijn moeder, die hem laat beloven zich nooit te binden aan een andere vrouw.

Nadat vader overlijdt, blijven Ed en zijn moeder samen op de boerderij wonen. Als Augusta een paar jaar later ook doodgaat is Ed radeloos. Zijn moeder, de enige op de hele wereld die hij vertrouwde, is er niet meer. Het verdriet van de bijna veertigjarige man heeft een kinderlijke hevigheid.

Ed trekt zich terug. Hij komt nauwelijks meer buiten en neemt de voor hem bekende vluchtroute: zijn lugubere fantasie. Binnen een aantal jaar heeft Ed zichzelf compleet geïsoleerd op de benedenverdieping van de boerderij. Zijn kleine woonoppervlak lijkt de chaos in zijn hoofd te weerspiegelen. Het eerder goed onderhouden erf is verwilderd. Hoogstaand gras woekert over het ooit keurig aangelegde pad naar de voordeur. In de keuken stinkt het naar beschimmelde etensresten en ander afval. Eds slaapkamer is bezaaid met kranten, boeken en tijdschriften over kannibalisme, grafroven, nazioorlogsmisdaden en seksueel geweld. De vloer van de schuur is bedekt met covers met halfnaakte blonde vrouwen, omslagen met beulen in overalls, magazines met nazi-uniformen en blaadjes met mannen in zwarte leren pakken. Eds open, tochtige zwijnenstal staat in schril contrast met de verdieping erboven: een hermetisch afgesloten ruimte – de ramen en deuren zijn dichtgespijkerd met stevige houten planken. Het is de plek waar de slaapkamer van zijn moeder was. Of nou ja, ís: de gehele ruimte is onaangeroerd gebleven, alles staat nog precies op dezelfde plek. Ed heeft er na haar dood nooit meer een stap durven zetten.

De inwoners van Plainfield noemen Ed een vreemde, maar vriendelijke dorpsgek, eentje die nog geen vlieg kwaad zou doen. Als een aantal pubers beweert dat er minischedels in Eds huis liggen, krijgt de boerderij de reputatie van een spookhuis. De jongeren uit het dorp gaan er af en toe stiekem gluren. Hun ouders glimlachen: een spookhuis vol gekrompen doodshoofden, typisch iets voor die kinderlijke fantasie.

Heel af en toe komt Ed nog in het café. Niet omdat hij graag een biertje drinkt – dat had zijn moeder hem wel afgeleerd – maar vanwege de eigenaresse, Mary Hogan. Ze doet hem denken aan zijn moeder, vooral de manier waarop ze spreekt. Haar accent is Duits, de familie van Augusta is oorspronkelijk van Duitse komaf.

Ed bekijkt haar stilletjes vanuit een hoekje. Het maakt hem rustig én boos, een verwarrende mix. Waar de gedachte aan zijn moeder kalmerend werkt, maakt de aanblik van Mary hem juist woedend. De vrouw gedraagt zich in Eds ogen zondig. Ze is twee keer gescheiden en volgens de geruchten heeft ze meerdere bedpartners. Hoe heeft God zijn moeder kunnen laten gaan, terwijl Mary wél mag blijven leven?

Op 8 december 1954 is Mary Hogan opeens verdwenen. Een spoor bloed van het café naar de parkeerplaats is het enige dat op dat moment nog van haar te vinden is. De politie staat voor een raadsel en dat blijft voorlopig ook zo. *What happened to Mary Hogan?* kopt het Plainfieldse weekblad *Plainfield Sun* op 8 december 1955, een jaar na haar verdwijning.

Gedurende een periode van ongeveer tien jaar verdwijnen er meer jonge vrouwen op mysterieuze wijze in de omgeving van Plainfield. Zo ook Bernice Worden, de eigenaresse van de winkel waar Ed zijn gereedschap koopt. Ook in Bernice herkent Ed eigenschappen van zijn moeder. Als Ed op 16 november 1957 voor de zoveelste keer de winkel ingaat zucht Bernice, duidelijk geergerd. Ze begint die dorpsgek nu toch wel vervelend te vinden. Geïrriteerd schrijft ze het bonnetje uit voor het antivriesmiddel dat Ed bij haar koopt – het is het laatste wat ze in haar leven doet.

Die avond komt Bernice' zoon, Frank Worden, thuis na een lange dag jagen.

'Ha mam!' groet hij enthousiast.

Er komt geen antwoord. Hij roept nog een keer, maar zijn moeder is nergens te bekennen: niet in het woongedeelte, niet in de winkel, niet op het stoepje voor. En dat terwijl alle lichten nog aanstaan. Opeens ziet Frank het bloed, druppelend richting de winkeldeur. Nu weet hij zeker dat er iets goed mis is. Zijn oog valt op een bonnetje met de tekst: 'Twee liter antivries, voor Ed'. Het handschrift is onmiskenbaar van zijn moeder.

'Ik weet zeker dat die gek haar wat heeft aangedaan,' mompelt Frank, meer tegen zichzelf dan tegen de twee politieagenten die inmiddels gearriveerd zijn.

Het is al donker als de agenten bij Eds boerderij aankomen. Via de enige deur die nog open is gaan ze de schuur in, begeleid door het schijnsel van hun zaklampen. Een van de mannen ziet iets bungelen, precies in het midden van de lichtstraal. Het is een karkas, dat ondersteboven hangt, stevig vastgebonden aan het plafond. Het lijkt wel een geslacht dier, maar dan... zonder hoofd.

Dat is afgehakt.

'Mijn God, daar is ze,' mompelt de agent, als hij het lichaam van Bernice Worden in de schommelende torso herkent.

Eenmaal buiten geeft hij over.

De andere agent roept versterking.

Zodra de hulptroepen zijn gearriveerd gaat de politie opnieuw de boerderij in, dwars door de stinkende chaos van karton, krantenknipsels, tijdschriften, lege flessen en voedselresten. Ze banen zich een weg door verschillende eigenaardigheden, zoals een wastafel vol met zand, een koffiekan gevuld met gebruikte kauwgomresten en een plank met uitgestalde gele kunstgebitten. Geen van de agenten weet op dat moment dat het verminkte lichaam van Bernice Worden slechts de eerste macabere vondst in *the house of horror* is.

Pas als de politie met genoeg felle lampen de donkere boerderij volledig heeft verlicht, wordt een gruwelijkheid onthuld die zich jarenlang onopgemerkt in de donkere schaduw van het geïsoleerde erf heeft afgespeeld. De lichtbronnen schijnen op vondsten die zo griezelig zijn, dat het kleine onbekende gehucht in één klap in de spotlights komt te staan en kan rekenen op toeschouwers uit de hele wereld.

In de schuur staan stoelen, lampenkappen, armbanden, een trommel en een prullenbak, allemaal bekleed met... huid, ménsenhuid. In de keukenkastjes bevinden zich soepkommen van schedels. In de klerenkast ligt een riem van vrouwentepels. Op de plank staan schoenendozen vol vrouwelijke geslachtsdelen, de één beschilderd met zilververf, de ander besprenkeld met zout. Op een andere plank staat een doos met neuzen, échte neuzen. Aan de kleerhanger wiegen twee vrouwenbenen, omgetoverd tot een broek. Daarnaast hangt een vrouwentorso die dienstdoet als trui. De borsten zitten er nog op, de rug kan dichtgemaakt worden met een bijhorend koord.

Er is ook nog een collectie hoofden. Meerdere schedels decoreren Eds bed. Een maskercollectie met gemummificeerde exemplaren siert de muur, inclusief gekamd haar en glanzende lippenstift. De monden en neuzen steken opvallend af tegen de gedroogde, ingevallen wangen. In plastic zakjes worden nog meer hoofden gevonden – een daarvan blijkt van Mary Hogan.

Inmiddels is het zondagmorgen 17 november 1957, twaalf uur nadat Frank Worden is teruggekomen van de jacht. Het erf van Ed staat vol reporters. Aan de pers wordt verteld dat het lichaam van Bernice Worden is aangetroffen en dat Ed is gearresteerd. Meer niet. De politie is nog niet in staat om woorden te geven aan wat zij zojuist hebben gezien.

Maar de menigte verslaggevers ziet ook wel dat er iets opmerkelijks aan de hand is en dringt aan. Een van de agenten probeert te formuleren wat hij heeft aangetroffen, maar komt niet verder dan: '*Just too horrible, horrible beyond belief.*'

Toen wij dit voor het eerst lazen sloegen we steil achterover. En we kunnen nog steeds niet helemaal bevatten dat dit allemaal écht is gebeurd. Toch is het zo. De lugubere grafroven zijn echt, de vermoorde vrouwen zijn echt, de macabere knutselprojecten zijn echt. En gestoorde Ed ook.

Het is de levensgeschiedenis van Ed Gein, opgetekend door de Amerikaanse Queens College professor Harold Schechter in zijn boek *Deviant.* Gein bekent de moord op Mary Hogan en Bernice Worden en de vele grafroven, waarbij hij lichamen van overleden vrouwen heeft gestolen en verminkt. Zonder blikken of blozen verklaart Gein dat hij de maskers, leggings, vesten en vagina's allemaal zelf heeft gedragen. Soms ging hij er 's nachts even mee naar buiten. Deskundigen concluderen dat Gein lijdt aan psychoses. Hij wordt na zijn veroordeling ontoerekeningsvatbaar bevonden en opgesloten in een psychiatrische instelling, waar hij in 1984 overlijdt.

Wij zijn niet de enigen die misselijk worden van dit verhaal. Gein, de gestoorde eenling, laat de hele Amerikaanse natie beven van angst. Maar de impact van de *Butcher of Plainfield* gaat verder dan collectieve siddering. Wereldwijd raken tekenaars geïnspireerd. Er verschijnen 'horrorcomics' met indrukwekkende covers: een monsterlijke klauw die de jurk van een jonge vrouw uitrukt, Gein die lichaamsdelen opeet (het bloed druipt nog uit zijn mond), of een griezel die zich schuilhoudt op een donkere begraafplaats, klaar om letterlijk toe te happen.

Ook in de muziekindustrie gaat het los: Geins naam duikt op in diverse bands, van hardcore punk tot obscure metalbands – en zo komt het dat wij opeens aandachtig zitten te luisteren naar het nummer *Addicted to Vaginal Skin.* We worden er zo bang van dat we het halverwege uitzetten. Meerdere albums van deze deathmetalband *Cannibal Corpse* zijn overigens enige tijd verboden geweest, omdat de songteksten het verminken, moorden en martelen te veel zouden verheerlijken.

Je ziet het: Gein dringt door tot in de haarvaten van onze samenleving. En natuurlijk blijft de filmindustrie niet achter. Vele horrorfilms van de afgelopen zestig jaar bevatten Plainfieldse invloeden. 'Onze' *The Silence of the Lambs* (1991), maar ook films als *Psycho* (1960) en *Texas Chainsaw Massacre* (2022) zijn allemaal gebaseerd op zíjn verhaal.

In *The Silence of the Lambs* hoeven we niet lang te zoeken: Lecter draagt een mensenmasker, en Buffalo Bill, een andere seriemoordenaar uit hetzelfde verhaal, maakt 'Geiniaanse' kleding van zijn vrouwelijke slachtoffers.

Ook hoofdpersoon Norman in *Psycho* heeft een dominante, wrede en veeleisende moeder, wiens dood hij niet te boven komt. Tel daar een spookhuis, een grafroof en een moord bij op en de gelijkenis met Gein is niet te ontkennen. De film, gemaakt door Alfred Hitchcock, heeft veel succes. Dit komt vooral door de douchescène, waarbij je vanuit zeventig (!) verschillende camerastandpunten ongeveer drie minuten kijkt naar... eigenlijk niet zoveel. Een silhouet van de dader, het gillende gezicht van het slachtoffer, en een douchegordijn. Maar je hoort des te meer: stromend water, snerpend gegil en indringende vioolmuziek. Vervolgens staar je naar het doucheputje, waar het donkerrode bloed in weggespoeld wordt. Of nou ja donkerrood, het is eigenlijk grijzige smurrie: de film is in zwart-wit. Het wordt een van de beroemdste moordscènes uit de filmgeschiedenis.

Wij zijn vooral fan van het einde. Je kijkt naar een vlieg op Normans hand, terwijl in zijn hoofd de stem van zijn moeder hem laat spelen met de gedachte het beest dood te slaan. Dat doet hij niet: Norman, de perverseling, moordenaar en grafplunderaar, wil eigenlijk geen vlieg kwaad doen.

Een groter contrast met *Texas Chainsaw Massacre,* een film die ruim een halve eeuw later verschijnt, is haast niet denkbaar. Dader *Leatherface* woont weliswaar in een spookhuis, heeft een innige band met zijn alleenstaande moeder en dankt zijn naam aan het masker van mensenhuid dat hij draagt tijdens het moorden. Maar in tegenstelling tot Norman in *Psycho,* is Leatherface één grote moordmachine, die met een brommende kettingzaag iedereen die ook maar in zijn buurt komt letterlijk een kopje kleiner maakt. Geen zwart-witte subtiliteiten maar knalrode bloedspetters die continu van het scherm spatten – na drie kwartier kijken we nauwelijks meer op als er ingewanden door de lucht vliegen.

Lang verhaal kort: Gein is dan wel dood, maar zijn verhaal is springlevend. En het allergriezeligst: er ligt meer 'waarheid' aan het stereotype ten grondslag dan wij dachten. De 'gevaarlijke gek' uit de horrorcomics, bands met harde grunts of griezelfilms is geen fictief underground figuur, maar gebaseerd op waargebeurde Plainfieldse gruwelijkheden.

Toch moeten we niet vergeten dat Gein een extreem zeldzaam geval is. Van alle moordenaars heeft maar een klein deel een stoornis en (bijna) niemand van hen is zoals Gein. En deze nuance ontbreekt vaak: uitzonderlijke 'Geiniaanse' horrorfiguren worden al gauw geprojecteerd op álle moordenaars met een stoornis: daders worden (te) makkelijk neergezet als krankzinnige, gevaarlijke monsters. Sterker nog, het stereotype lijkt in ons collectieve geheugen gegrift. En dan ligt er weer te veel fictie over de feiten – denk maar aan de mannen op slippers die in werkelijkheid achter tralies zitten.

Op veilige afstand

Als het Geiniaanse stereotype (bijna) nooit realistisch is, waarom associëren we moordenaars dan met monsterlijke gekken?

Volgens moordexpert Liem heeft dit een psychologische functie. 'Door de moordenaar te depersonaliseren is het geen mens zoals wij. Het is de Ander, met een hoofdletter A. Dat voelt veilig: door hem tot een gevaarlijke gek te reduceren, komt hij niet te dichtbij.' Dat een mens een ander kan doden vinden we blijkbaar zo gruwelijk, dat we liever doen alsof dat niet kan: moordenaars zijn geen mensen, maar monsters.

Liem gaat nog een stap verder. Volgens de onderzoeker heeft ieder mens namelijk wel eens moordgedachten. Toen zijzelf in haar studententijd bijvoorbeeld zwaar onderbetaald werd voor een hele dag (en nacht) borden serveren en vervolgens gekort werd op dat toch al niet zo riante salaris, werd ze woedend. Liem: 'Toen heb ik echt gedacht: Ik gooi een steen door de ruit met een molotovcocktail erachteraan.'

Wat de één moordneigingen noemt, is voor de ander misschien een agressieve gedachte, of een negatieve gedachte, of gewoon een hersenspinsel. Hoe we het ook bestempelen, emoties als extreme boosheid, frustratie en verdriet kunnen volgens Liem bij iedereen gewelddadige denkbeelden veroorzaken. Ieder hoofd bevat dus ergens wel gruweldaden, ook al zijn ze soms goed opgeborgen en zijn we ons er niet altijd van bewust. Dit is een bedreigend idee: als ieder mens in staat is tot moord, zijn moordenaars gewone mensen. Dat willen we niet. We wijzen liever op gevaarlijke psychopathologie, extreme gekte, die de Ander wel heeft maar wij niet. Liem: 'Met de Ander hoeven we ons niet te identificeren.'

Door de mythe houden we de moordenaar dus niet alleen op afstand, maar ontkennen we ook dat we (een beetje) op hem lijken. Door de moordenaar weg te zetten als monster, hoeven we hem niet als mens te zien. En een monsterlijke klauw is nu eenmaal een stuk minder menselijk dan een geslipperde voet.

Liems theorie klinkt overtuigend, maar tegelijkertijd ook ver weg. Alsof het niet over ons gaat; wij hebben nog nooit de neiging gehad om de boel op te blazen of iemand aan te vliegen. Toch zijn we getriggerd. Want waarom zou de theorie niet voor ons gelden? Zijn we na het doorspitten van al die moordzaken niet júíst vatbaar voor de Ander? Is dat de reden dat Lecter af en toe stiekem rondspookt in ons hoofd?

Sigmund Freud: wegstoppen onder water

In onze zoektocht naar de boodschap achter het stereotiepe beeld stuiten we op verschillende psychoanalytische theorieën die zich bezighouden met verdrongen, onbewuste emoties.

Volgens de grondlegger van de psychoanalyse, Sigmund Freud (1856-1939), bestaat het grootste deel van ons gevoelsleven uit emoties waar we ons niet bewust van zijn. Dat betekent dat er diepe gevoelens (driften) in ons lijf rondzingen, terwijl we daar geen idee van hebben.

Freud ontwikkelt hier verschillende theorieën over. In zijn eerdere werk, dat bekendstaat als Freuds eerste 'topografie', verdeelt hij de menselijke geest in drieën: een klein bewust deel, een groot onbewust deel en een middelgroot tussengedeelte. Je kunt het vergelijken met een ijsberg. Slechts een klein stukje is zichtbaar boven water, het grootste gedeelte bevindt zich onder het ijskoude wateroppervlak. Het witte topje weerspiegelt onze bewuste gedachten en gevoelens, de niet-zichtbare bevroren basis onder het wateroppervlak staat voor ons (veel grotere) onbewuste driftleven. In het tussengebied, daar waar de golven klotsen, zit het 'voorbewuste' deel. Hier bevinden zich zaken waar we ons niet direct bewust van zijn, maar waar we ons wel elk moment bewust van kunnen worden.

Sommige gebeurtenissen zijn te heftig voor de menselijke geest om te kunnen bevatten, denk aan de moordzaken uit dit boek. Zodra onze doodsangst voor de moordenaar opborrelt, doen we er alles aan om die te onderdrukken. Met al onze kracht duwen we dit gevoel onder water, hup, zo diep mogelijk de zee in – zo voorkomen we dat het ons overstelpt. We houden die angst dus uit de buurt van onze bewuste gevoelens (de top van de ijsberg).

Dit lukt slechts gedeeltelijk. We kunnen onze angst wel weghouden van de besneeuwde zonnige top, maar we kunnen hem niet laten oplossen in de oceaan. Daarom nestelt hij zich ergens in het gedeelte van de berg dat zich onder water bevindt. Zo is het onder het wateroppervlak ijskoud, maar blijft de zon boven water nog gewoon schijnen.

De mythe van de moordenaar past goed in deze ijsbergtheorie. Want zolang we onze angst onder water houden, kunnen we doen alsof die er niet is. Het cliché van de bloeddorstige gek zou je kunnen zien als zo'n ontkenning. Een 'menselijke moordenaar' is zó angstaanjagend, dat we het humane aspect liever compleet negeren. Menselijke moordenaars bestaan niet. En hiermee gaat onze angst, plons, kopje-onder.

Melanie Klein: goede borst, kwade borst

De in Oostenrijk geboren, maar in Engeland gevestigde psychoanalytica Melanie Klein (1882-1960) borduurt voort op het werk van Freud. Zij gaat ervan uit dat zelfs een pasgeboren baby al worstelt met zijn driftleven, de diepe gevoelens waar Freud het over heeft. Volgens Klein ervaart een baby bijvoorbeeld intense liefde als hij melk, warmte en begrip van zijn moeder krijgt. Tegelijkertijd kent hij ook diepe frustratie en woede: zo zet een baby het op een krijsen als hij naar zijn moeder wil of als er (nog) geen melk is. Nu kan een baby niet zoveel met die tegenstrijdige gevoelens, daarom projecteert hij ze allebei op zijn moeder en gebruikt hij een handig 'trucje': hij splitst de projectie op. Klein noemt dit de *paranoïde-schizoïde positie*. Moeder wordt gesplitst in helemaal goed (de moeder die voedsel, liefde en begrip geeft) en helemaal slecht (de moeder die er niet is op het moment dat de baby dat wil). Oftewel: de baby maakt er twee moeders van, een goede en een slechte. Er wordt ook wel gesproken van een goede moederborst (die voedt) en een kwade (die afwezig is).

Dat ook een goede moeder af en toe afwezig is, niet altijd eten geeft, of soms gewoon even oog heeft voor iets anders, vindt een baby te ingewikkeld. Of eigenlijk is het sterker: de baby vindt het doodeng als zijn ideale beeld van de 'goede moeder' niet bestaat, zijn veilige haven loopt daarmee gevaar. Door er twee personen van te maken is dat probleem opgelost. Het fijne gevoel dat door zijn lijfje stroomt als hij een knuffel krijgt of gevoed wordt, hoort bij de goede moeder. De boze driftige huilbui die hij uitstort als er geen eten of aandacht is, hoort bij de slechte. Zo blijft het beeld van de veilige, lieve, verzorgende supermoeder intact, iets waar elke baby behoefte aan heeft.

Later, als het kindje iets groter is, ziet het onder ogen dat *dezelfde* moeder die voedt ook soms afwezig is: mamma heeft zowel goede als slechte eigenschappen. Dit is niet makkelijk. Het kind moet erkennen dat de geïdealiseerde moeder niet bestaat en dat is een groot verlies. Klein noemt dit de *depressieve positie*. Deze realiteit dringt steeds verder tot ons door: leuke mensen kunnen ook minder leuke kanten hebben, goed en kwaad kunnen *samen* aanwezig zijn in één persoon, monsterlijke eigenschappen zijn niet voorbehouden aan hongerige wolven. Tijdens het opgroeien moeten we leren omgaan met die ambivalentie, dus met het gegeven dat iemand zowel goede als slechte eigenschappen heeft. Het betekent dat we tegenstrijdige impulsen moeten verenigen in ons hoofd, dat we een genuanceerd beeld moeten vormen en onze ideeën ook steeds weer een beetje moeten bijstellen: ook onze geliefden schieten weleens uit hun slof of doen de verkeerde dingen. Mensen zijn niet óf ideaal óf boosaardig, maar allebei tegelijk.

Maar soms – ook als we dit proces succesvol doorlopen hebben – kunnen we (even) terugvallen in de overzichtelijke goed-slecht-indeling uit onze babytijd, zeker als iets eng of bedreigend is. Op die momenten is het namelijk prettiger (of minder eng) om de angst-uitlokker onder te brengen in het rijk der demonen; zo hoeven we het niet te integreren in onze eigen wereld. De mythe van de moordenaar geeft ons deze splitsmogelijkheid. Door moordenaars neer te zetten als monsters, hoeven we ze niet als mensen te zien. Zo blijft onze wereld 'goed' en is alleen de wereld van de Ander 'slecht'. In de menselijke wereld zijn we veilig, in de monsterlijke wereld niet; daar wordt gemoord.

Heinz Kohut: mateloze razernij

Psychoanalyticus Heinz Kohut (1913-1981) heeft een andere theorie. Hij heeft het niet over onbewuste driften (Freud) of tegenstrijdige gevoelens (Klein), maar over 'narcistische woede'.

Volgens Kohut hebben we van jongs af aan onze ouders nodig om ons psychisch gezond te ontwikkelen. Zo heeft elk klein kind een fase waarin hij bewonderd en erkend wil worden, het hunkert naar 'een glans in de ogen van moeder'. Ook is er een periode waarin het zijn ouders idealiseert: het kind wil net zo worden als zijn ouders, mamma (of pappa) is heilig. Zo is onze (kinderlijke) persoonlijkheid afhankelijk van onze opvoeders: ons zelf vormt zich door hun reactie en het voorbeeld dat zij geven.

Als alles goed gaat, zet de 'erkenningsbehoefte' zich om in een eigen ambitie. Ook het idealiseren van de ouders stopt en transformeert in (eigen) normen en waarden. Onze persoonlijkheid wordt op een gegeven moment dus niet meer gedefinieerd door onze opvoeders, maar door onszelf: wíj vormen onze ambities, wíj bepalen wat we goed en fout vinden. Deze twee zaken zijn volgens Kohut onmisbaar voor een gezond zelfbeeld en emotioneel welbevinden, 'net zoals zuurstof onmisbaar is voor onze fysieke staat'.

Als de ontwikkeling niet goed verloopt, dus als een jong kind onvoldoende gezien wordt door zijn ouders, wordt de erkennings- en idealiseringsfase niet geïntegreerd in onze persoonlijkheid. Dan blijven we voor ons zelfbeeld afhankelijk van anderen. Eigenlijk zitten we dan nog steeds in de kinderlijke 'narcistische fase': we schreeuwen om erkenning en zijn wanhopig op zoek naar mensen die we kunnen idealiseren. We sloven ons uit of gaan ons juist zo perfect mogelijk gedragen, in de hoop dat we applaus krijgen. Of we proberen de afwezige ideale ouder te compenseren door andere 'ideale' mensen: beroemde filmsterren, succesvolle ondernemers, of briljante kunstenaars – we noemen maar wat.

Dit doen we om de erkenning en idealisering alsnog in onze persoonlijkheid op te nemen: zonder deze twee immers geen zelfbeeld. Volgens Kohut moet je het zien als een soort wanhoopsdaad, een laatste redmiddel om ons 'zelf' te beschermen.

Nu is dat geschreeuw en geïdealiseer geen stabiele oplossing. Bij het minste of geringste – een kleine tegenvaller, een afwijzing – stort onze persoonlijkheid als een kaartenhuis in elkaar. Ons zelfbeeld is dan fundamenteel bedreigd. Als dat gebeurt worden we, net als een klein kind, boos, heel boos. Diegene die het kaartenhuis heeft laten instorten moet verdwijnen, zelfs kapotgemaakt worden. Kohut heeft het over 'narcistische woede', een mateloze, destructieve woede-uitbarsting.

Maar ook als de ontwikkeling normaal verloopt, kan ons zelfbeeld bedreigd worden. En ook dan kunnen we ons verliezen in zo'n razernij. En hiermee komen we in de buurt van de mythe. Want een moordend 'medemens' dwingt ons om kritisch naar onszelf te kijken: als moordenaars mensen zijn, dan bevinden ze zich onder ons. Op die manier kunnen moordenaars ons zelfbeeld laten wankelen. Ons (geïdealiseerde) mensbeeld blijkt niet te kloppen: mensen zijn niet ideaal, mensen (kunnen) moorden.

En wat gebeurt er als ons zelfbeeld gevaar loopt? Juist: dan worden we woedend. We gaan terug naar die primitieve, mateloze, intense boosheid – we worden laaiend op hetgeen ons bedreigt. De moordenaar is dermate heftig – letterlijk levensbedreigend – dat hij die razernij in ons kan uitlokken. Witheet richten we ons op degene die het gevaar heeft veroorzaakt, de moordenaar dus. En we worden nu eenmaal makkelijker woedend op de Ander dan op 'gewone' mensen: 'gekken' kunnen we kapotmaken, levenslang opsluiten of zelfs 'een spuitje geven', als we Twitter moeten geloven.

Op deze manier kan de mythe gezien worden als een soort uitlaatklep, een ventiel voor de vernietigende kracht die los kan komen na zoiets bedreigends als een moord.

Monsters bestaan niet

De gestoorde moordenaar is meestal geen Ander, eerder een gewone man op slippers. Geen horrorpersonage, maar iemand die niet opvalt in de rij in de supermarkt. Als deze beangstigende werkelijkheid ons even te veel wordt, vluchten we en zoeken we ons heil in de mythe – we zien de moordenaar liever als monster dan als mens. Door het stereotype kunnen we onze angst wegstoppen onder water (Freud) of afsplitsen van onszelf (Klein). Maar we kunnen de mythe ook zien als iets waar we onze onmachtige woede in kwijt kunnen (Kohut). Hoe je het ook wendt of keert, vanuit psychoanalytisch perspectief is de mythe een manier om te dealen met het angstaanjagende effect van de meest definitieve daad – een collectief copingsmechanisme om onze doodsangst niet te hoeven voelen. De mythe voorkomt dat we overspoeld raken door een existentiële bedreiging van ons menszijn, het gevaar dat de moordenaar in ons oproept.

Of Hannibal Lecter ónze manier is om eventuele onbewuste angsten te verdringen zouden we hiermee niet durven zeggen. Maar we denken wel dat de inmiddels iconische status van het horrorpersonage verder reikt dan een spannend script of een fantastische acteur. Door personages als Lecter is de mythe namelijk verankerd in verhalen. En als de geslipperde werkelijkheid ons naar de keel vliegt kunnen we die monsterlijke vertellingen gulzig consumeren – bijvoorbeeld door *The Silence of the Lambs* vijf keer te bekijken (zoals Lotje). Maar net als Liem zullen we er allemaal vroeg of laat achter komen: echte monsters bestaan (bijna) nooit.

12

VERWARDE ENGELEN

In augustus 1995 wordt ziekenverzorgster Martha U. gearresteerd, ze wordt verdacht van een viervoudige moord. Volgens het Openbaar Ministerie heeft Martha vier bewoners van het verpleeghuis Vliethoven in Delfzijl doodgespoten met insuline.

Martha ontkent enige kwade opzet. Ze is er zelfs van overtuigd dat ze juist iets goeds heeft gedaan. Volgens Martha hadden haar slachtoffers geen zin meer in het leven en wilden ze 'geholpen' worden. Dat kon ze opmaken uit hun mimiek en de blik in de ogen. Ze verklaart: 'Ik heb mijn daad gedaan uit mededogen, uit liefde voor de bewoners.'

Martha wordt uitgebreid onderzocht door psychologen en psychiaters. Hun conclusies liegen er niet om. Er is sprake van een 'neurotische karakterontwikkeling' waarbij haar verzorgende gedrag een manier is om onderliggende agressieve gevoelens te maskeren. Hoe meer interne woede er opborrelt, hoe meer Martha wil verzorgen. Door deze ongezonde agressieregulatie is Martha de werkelijkheid steeds gekleurder gaan beleven. Vanwege de 'puin in haar persoonlijkheid' vinden deskundigen dat er dringend hulp nodig is, gedwongen hulp. Anders bestaat het gevaar dat Martha nog meer mensen gaat 'helpen'.

De rechters veroordelen Martha voor vier moorden. Ook nemen zij de conclusie van de deskundigen over: de fatale daden worden haar in verminderde mate toegerekend. Martha krijgt uiteindelijk vier jaar gevangenisstraf en tbs.

De zaak maakt veel los. Na de eerste uitspraak wordt de toenmalige Stichting Korrelatie, een organisatie die hulp biedt bij psychische en sociale problemen, 87 keer gebeld, uit protest tegen Martha's veroordeling. Sommige bellers wensen zelfs dat er in het verpleeghuis van hun moeder 'een Martha was'. Ook de Nederlandse Vereniging voor een Vrijwillig Levenseinde wordt benaderd met protestberichten. Een oud-verpleegkundige schrijft dat zij hoopt dat iemand een eind aan haar leven maakt als zij, net als Martha's slachtoffers, in een 'mensonterende toestand komt te verkeren'. Media koppen over Martha als een 'engel des doods' en in *De Telegraaf* stelt een anesthesioloog dat de overheid medeplichtig is, omdat de bezuinigingen een 'verpleegkundige hel' in verpleeghuizen hebben veroorzaakt. Vrienden en familieleden richten een Steuncomité Martha op: de straf is veel te zwaar, want Martha wilde enkel de mensen uit hun lijden verlossen.

Het landelijke protest is opvallend; de vrouw heeft maar liefst vier mensen vermoord. Hoe is al die ophef te verklaren? Waarom wordt het 'zorgzame' van Martha zo benadrukt? Zou het iets te maken hebben met haar vrouw-zijn? Hadden we ook zo gereageerd als Martha een Martin was geweest? Hadden we bij een mannelijke ziekenverzorger ook een steuncomité opgericht, of gesproken over 'moorden uit mededogen'?

Dat blijft natuurlijk gissen. Maar de Nederlandse verpleegkundige Frans H., die in 1976 patiënten op dezelfde manier met insuline 'helpt', krijgt geen vier, maar achttien jaar. Voor hem trouwens geen engelachtige bijnaam: de man wordt omgedoopt tot 'Spuitreus Frans'.

En we kijken ook anders naar de Amerikaanse verpleegkundige Donald Harvey. Hij verdwijnt voor de rest van zijn leven achter tralies nadat hij chronisch zieke patiënten 'helpt' door ze te vergiftigen. Ook voor hem geen twijfelachtige heldenstatus, hij wordt neergezet als koelbloedige moordenaar die op een sadistische manier geniet van zijn daden. *'He killed because he liked to kill,'* aldus de aanklager. Nu moeten we hier wel bij zeggen: bij Harvey zijn er geen vier (Martha U.) of vijf (Frans H.) slachtoffers, maar zevenendertig.

Toch geven deze 'compassiemoorden' de indruk dat we anders kijken naar moordenaars dan naar moordenaressen: bij mannen hebben we het over monsterlijke psychopaten, bij vrouwen over verwarde engelen. De mythe van de monsterlijke moordenaar projecteren we blijkbaar niet op vrouwen. Tegen *Trouw* zegt moordprofessor Marieke Liem: 'Ik denk dat stereotypes een rol spelen. Men veronderstelt: een vrouw die zoiets doet, daar moet wel iets mis mee zijn, die moet geholpen worden.' Moord wordt dus gezien als een 'mannending'. Sterker nog, bij vrouwen vallen zelfs de straffen lager uit. Op de een of andere manier verwachten we niet dat vrouwen in staat zijn tot moord. En als het dan toch gebeurt, dan moet ze wel ziek zijn. De moordenares is verward, zelfs een verwarde engel.

Waar komt dit idee vandaan?

De cijfers: vrouwen moorden nauwelijks

Ergens is het niet zo gek dat we bij 'gestoorde moordenaars' denken aan mannen, want moordenaressen zijn zeldzaam. In Nederland zijn vrouwen verantwoordelijk voor zo'n 10 procent van alle moordzaken. En in de helft van de gevallen doen ze het niet eens zelf: ze fungeren als opdrachtgeefster en laten een man de klus klaren. Dat we het hebben over 'hem' en niet over 'haar' is dus te begrijpen: het is meestal ook zo.

Daarbij doodt een grote groep moordenaressen hun partner. Het motief is vaak een wanhopige poging om te ontsnappen aan huiselijk geweld of seksueel misbruik – de moordenares moet ontkomen aan De Kwaadaardige Man en ziet nog maar één uitweg. Nóg een reden waarom de vrouw niet als 'echte' moordenaar wordt gezien, ze is slachtoffer.

Neem de zaak van Kiranjit Ahluwalia. In 1979 wordt de Indiase Kiranjit uitgehuwelijkt aan Deepak Ahluwalia. De vierentwintigjarige vrouw verhuist vanuit India naar Londen, waar Deepak woont. Ze spreekt nauwelijks Engels. Al na twee dagen komt Deepaks ware aard naar boven, het begin van een hel die tien jaar zal duren.

Kiranjit wordt geslagen met riemen, schoenen, zelfs met meubels. Ze wordt geschopt. Gewurgd. Bedreigd met messen. Bijna dagelijks wordt ze seksueel misbruikt of verkracht.

Terwijl Deepak ondertussen ook affaires heeft met andere vrouwen, zit Kiranjit gevangen in een wreed, sadistisch regime. Deepak verbiedt zijn vrouw zelfs om zwarte koffie te drinken of om het Engelse eten op smaak te brengen met pepers – dat kleine beetje genot gunt hij haar niet.

Na gedwongen medische fertiliteitsonderzoeken krijgt Kiranjit twee zonen. Wanhopig zoekt Kiranjit een uitweg. Van haar familie moet ze het niet hebben: zij zeggen dat het haar plicht is om een 'goede echtgenote' te zijn. Later blijkt dat Deepak hen óók bedreigt. Weglooppogingen hebben geen effect: Deepak vindt haar net zo makkelijk weer terug en wacht haar op met nog meer geweld.

Op 9 mei 1989 probeert Deepak haar enkels te breken. Als dit niet lukt, brandt hij haar gezicht met een heet ijzer. Daarna valt hij in slaap. Waarom het precies na dit incident is weet Kiranjit niet, maar opeens komt er een oerkracht in haar naar boven. In een opwelling gooit ze benzine over zijn voeten en steekt hem in de fik. Zo zal hij haar bij een volgende wegloopactie niet kunnen achtervolgen. Een aantal dagen later overlijdt Deepak aan zijn verwondingen.

In de rechtszaal worden de mishandelingen en verkrachtingen niet serieus genomen. Kiranjit zou Deepak vermoord hebben uit jaloezie, de vele buitenechtelijke relaties zouden haar tot wanhoop hebben gedreven. Ze krijgt een levenslange gevangenisstraf.

Met behulp van een vrouwenrechtenorganisatie, de *Southall Black Sisters*, maakt Kiranjit bezwaar. Met succes, want in hoger beroep wordt ze niet veroordeeld voor moord, maar voor doodslag. Daarbij is ze verminderd toerekeningsvatbaar omdat ze kampte met een depressie ten tijde van de moord, veroorzaakt door het jarenlange misbruik en de ernstige mishandelingen, die nu wél erkend worden. Haar levenslange gevangenisstraf wordt omgezet in ruim drie jaar, een straf die ze op de dag van de uitspraak al heeft uitgezeten. Kiranjit komt direct vrij.

De kranten staan er vol van: vrouwen als Kiranjit zijn eerder slachtoffer dan dader. Een logische reactie, maar tegelijkertijd moeten we ook oppassen met dit beeld. Door de moordende vrouw neer te zetten als een tot waanzin gedreven slachtoffer bestaat het risico dat ook de moordenares transformeert in een Ander, iemand met wie we ons niet hoeven te identificeren. Voor de moordenares alleen geen gestoord monster, maar een verwarde engel – een personage waar je medelijden mee hebt. En daarmee maak je haar zwak en passief, wat onterecht is natuurlijk. Of, zoals Kiranjit zelf tegen *The Guardian* zegt: 'Vrouwen zijn niet zwak. We zijn harde werkers. We zijn sterk. We kunnen alles, en we kunnen het ook zonder mannen.'

De films: een statement

Kiranjits kritiek wordt al eerder door de filmwereld uitgedragen. Dit komt doordat vrouwen rond de jaren zeventig-tachtig aan het regisseren zijn geslagen, zegt hoogleraar filmwetenschappen

Patricia Pisters. Op het moment dat wij haar spreken heeft ze een sabbatical, dat over drie weken afloopt. In die weken moet er nog veel gebeuren, haar nieuwe boek moet af. Ze bekeek er ruim tweehonderd (!) films voor. En niet zomaar wat luchtige wegkijkers, nee, tweehonderd horrorfilms. Vrouwelijke regisseurs in het horrorgenre, dat is waar haar boek over gaat. Pisters ziet met de opkomst van deze vrouwelijke regisseurs andersoortige moordenaressen op het witte doek verschijnen. Dit feminiene filmgeweld kan volgens haar gezien worden als een statement tegen scheve gendergerelateerde machtsverhoudingen.

We zitten aan een tafeltje in Eye, het filmmuseum in Amsterdam, waar Pisters al de hele dag afspraken heeft. Niet alleen de omgeving is inspirerend, ook het gesprek zet ons aan het denken. We hebben het over de moordenares in al haar verschijningsvormen, van verwarde engel tot stoere superheldin en alles wat daartussenin zit. Ondanks het onderwerp is de sfeer heel gezellig. De filmische slachtpartijen passeren de revue terwijl we nippen aan ons kopje kruidenthee.

Lange tijd laten mannelijke filmmakers hun moordenaressen conform het stereotype op het witte doek verschijnen: als een verward en getraumatiseerd slachtoffer. Ze draagt gescheurde vodden, heeft vettige haren en uitgelopen make-up. Geen heldere blik, geen charismatische uitstraling en al helemaal geen superieure houding. Als een vrouw een moord pleegt, dan is ze de weg kwijt, niet in staat om het écht op te nemen tegen de machtige man. Neem bijvoorbeeld *I Spit on Your Grave* (1978). Hoofdpersoon Jennifer wordt op brute wijze verkracht, ook nog eens door meerdere mannen. De extreme agressie wordt verre van subtiel weergegeven – we kunnen het bijna niet aanzien. Telkens als we denken dat het voorbij is, komt er een nieuwe golf van vernederend verkrachtingsgeweld. Later lezen we dat de film vanwege deze scène zelfs enige tijd verboden is geweest. Als er na ruim twintig (!) minuten tóch een einde komt aan de aftuigingen, afranselingen en verkrachtingen, verandert Jennifer in een beschadigd en buiten zichzelf staand schimmig figuur, dat als een bezetene wraak neemt op haar verkrachters. Maar ondanks haar harde en genadeloze klappen is Jennifer verre van krachtig. Je blijft haar vooral zien als slachtoffer – misschien ook doordat ze er een beetje zielig uitziet, met haar voorovergebogen schouders, vale kleding en lijzige lange haren die voor haar gezicht hangen.

Wij vinden het maar niets, net als veel vrouwelijke makers van veertig jaar geleden. Hun tegenreactie knalt haast letterlijk van het doek. Neem bijvoorbeeld *De stilte rond Christine M.* (1982), een film gemaakt door Marleen Gorris. Het is een verhaal over drie vrouwen, die allemaal op een andere manier slachtoffer zijn van de mannen in hun leven. Opeens gebeurt er iets absurds: de vrouwen vermoorden een wildvreemde man. Een slagwerk van naaldhakken, kleerhangers en vrouwenlaarzen. Vanuit het niets.

Mannelijke advocaten en rechters willen de vrouwen in een psychiatrische inrichting stoppen: als vrouwen moorden, zijn ze immers verward. Maar het onderzoek van de psychiater, een vrouw, geeft een andere uitkomst. De eerste vrouw geeft geen antwoord op de vragen van de psychiater, maar stelt alleen maar wedervragen, omdat ze ervan uitgaat dat haar antwoorden niet geaccepteerd zullen worden. De tweede vrouw lacht alleen maar: als de maatschappij haar niet serieus neemt, doet zij dat andersom ook niet. De derde vrouw, Christine M., is stil: er is toch niemand die naar haar luistert.

De absurde moord symboliseert een opstand, een verzet tegen misogyn gedrag en de mannelijke norm. Dit komt prachtig naar voren in de slotscène: de boze mannelijke togadragers in de rechtszaal worden uitgelachen door de vrouwelijke verdachten. Het voorzichtige gegiechel van de drie dames gaat langzaam over in oorverdovend geschater bij alle aanwezige vrouwen. Voor het eerst zijn de rollen omgedraaid: de vrouwen maken nu de mannen belachelijk. Ze zijn gestopt met het doodzwijgen van de mannelijke onderdrukking: de stilte is vermoord.

Dezelfde boodschap, maar dan met veel meer bloed, wordt gebracht in *Revenge* (2017). Net als in *I Spit on Your Grave* is dit er ook een uit het *rape-revenge* genre, maar nu is de film gemaakt door een vrouw: filmmaakster Coralie Fargeat. Opnieuw wordt de hoofdpersoon, die ook weer Jennifer heet, verkracht en vervolgens voor dood achtergelaten. Dit keer ook nog eens doorspietst door een boomstam – het blijft horror. Wonder boven wonder blijft Jennifer leven en uiteindelijk rekent ze genadeloos af met haar verkrachters. De verhaallijn is dus precies hetzelfde als in *I Spit on Your Grave*, toch is de film totaal anders. Dat komt omdat Jennifer in *Revenge* niet verandert in een *madwoman*, maar in een sterke, krachtige vrouw, die niet met zich laat sollen. In de film ondergaat zij een gedaanteverwisseling van blonde naïeveling naar een brunette die nergens voor terugdeinst, van lustobject naar vechtmachine, van teer popje naar stoere vrouw. Haar gemoord staat symbool voor de transformatieve kracht van het hoofdpersonage, voor een vrouw die veel meer kan dan ze ooit had gedacht. Déze Jennifer is geen slachtoffer, maar een superheldin.

Inderdaad, er is geen haar op ons hoofd die deze moordenares associeert met het verwarde-engelen-stereotype. Jennifers zwarte outfit en verkreukelde blikje bier zijn minstens even cool als James Bonds maatpak en 'shaken, not stirred' Martini. De krachtige roofvogel – of is het een Fenix? – die staat afgebeeld op het blikje bier heeft ineens verdacht veel overeenkomsten met Jennifer. Net als een fenix herrijst het hoofdpersonage uit haar as, in een film waarin de symboliek zó *over the top* is dat we het geweldig vinden.

Wij hadden niet verwacht dat zelfs rape-revenge films een gelaagde feministische boodschap kunnen uitdragen. Ondanks dat het genre redelijk misogyn oogt – altijd die verkrachting – zijn er tegenwoordig meerdere films in de trant van *Revenge*. Pisters: 'Het zijn eigenlijk kleine dingen die de vrouw meer agency geven. In de meer feministische films wordt bijvoorbeeld de verkrachting zelf niet getoond. Je weet al wat er gebeurt, daarom hoeft het niet ook nog eens in beeld.'

Maar het kan nog subtieler, zoals het verhaal *Alias Grace* van Margaret Atwood, dat in 2017 verwerkt is tot een serie en gebaseerd is op een waargebeurde dubbele moord in Canada.

In de serie wordt dienstmeisje Grace verdacht van de moorden en onderzocht door een mannelijke psychiater, die duidelijk geniet van zijn denigrerende aanpak. Grace reageert koelbloedig. Ze antwoordt beleefd, maar zegt niets wat de psychiater verder helpt. Uiteindelijk loopt het ook met dit manfiguur slecht af, maar net als in *Revenge* gaat het hier niet hoofdzakelijk over bloeddorstige vergelding. Het gaat erom dat Grace de vernedering niet langer toestaat. Ze kon zich eerder niet verzetten tegen de mannelijke slechteriken: niet tegen haar dronken vader, niet tegen de huisbazen met hun losse handjes, niet tegen de gewelddadige mannen in het gesticht. Maar tegenover de psychiater is Grace degene met macht: zij bespeelt hem, zíj bepaalt wat hij te weten krijgt. Dat maakt haar ongrijpbaar, sterk en krachtig, iets dat de psychiater niet verdraagt. Hij sterft, geobsedeerd door Grace, aan een zenuwinzinking – toch een beetje wraak dus.

Pisters wijst ons nog op een interessant detail: in de film is nauwelijks bloed te zien, maar de paar druppels die wél in beeld komen, zijn afkomstig van Grace' menstruatie. In het verhaal, dat zich afspeelt rond 1850, wordt de maandelijkse cyclus in de volksmond 'de vloek van Eva' genoemd. Maar Grace' vriendin moet niks hebben van die bijnaam: 'De echte vloek van Eva is dat ze de nonsens van Adam moest aanhoren,' zegt ze. Oftewel: vrouwen zijn niet minderwaardig of vervloekt, ze hebben de pech dat ze met een man zitten opgescheept. Zelfs het bloed heeft in deze film dus een feministische boodschap – en dat zien wij in James Bond nou weer niet zo snel gebeuren.

How to Murder Your Husband

Terug naar Martha U. Waarom maken we van haar een verwarde engel en wordt zij niet gezien als 'echte' moordenaar?

Een deel van het antwoord is dus te vinden in de cijfers: veel 'collega's' van Martha moorden om te ontsnappen aan (seksueel) geweld. En met die bril op is het niet gek dat vrouwen niet als dader worden gezien; ze zijn slachtoffer.

Maar we moeten dit beeld natuurlijk niet op álle moordenaressen plakken. Want hiermee bestaat het risico dat vrouwen weggezet worden als zwakke schepsels of buiten zichzelf tredende madwomen, zoals de filmwereld zo goed laat zien. Daarbij klopt ook dit stereotype meestal niet, de verwarde-engelen-versie is even onrealistisch als haar mannelijke monsterlijke tegenhanger. Zo moordde Martha U. niet om te ontsnappen aan seksueel geweld, zij dacht voor God te kunnen spelen. Niks verwarde engel, eerder een moordenares met grootheidsideeën.

Maar het kan nóg minder engelachtig. In 2011 post de Amerikaanse Nancy Crampton Brophy haar blog met de onheilspellende titel *How to Murder Your Husband*. Je raadt het al: zeven jaar later wordt ze verdacht van de moord op haar man, in het écht. Voor Nancy geen 'slachtoffermotief', ze wilde geld. En de levensverzekering van haar man zou haar geen windeieren leggen. Naar bewijs hoeft de politie niet lang te zoeken. Op beelden van de bewakingscamera's is te zien dat Nancy naar de plek van de moord rijdt. Ook heeft Nancy een pistool gekocht, precies zo eentje als het moordwapen.

De feiten spreken voor zich, maar Nancy ontkent. Waarom ze naar de plaats delict is gereden kan ze niet verklaren: op de een of andere manier kan ze zich niets meer van die ochtend herinneren. En dat vuurwapen? Dat was research voor haar nieuwe boek. Haar (zelf uitgegeven) boeken hebben trouwens – nu al helemaal – curieuze titels als *The Wrong Husband* en *Wrong Never Felt So Right*. Maar de jury vindt deze verklaringen ongeloofwaardig en Nancy krijgt een levenslange gevangenisstraf.

Het is een uitzondering, maar sommige moordenaressen doen het dus 'gewoon' voor het geld.

Het zijn net mannen.

13

HET WARE GEZICHT

In 1999 is Nederland in de greep van de 'Deventer moordzaak'. Het slachtoffer is een zestigjarige weduwe uit Deventer. Al vrij snel wordt haar financieel adviseur, Ernest Louwes, opgepakt. De officier klaagt Louwes aan voor moord, maar de rechtbank spreekt de man vrij.

Ondertussen bemoeit Maurice de Hond, een vasthoudende opiniepeiler met een prominente plek aan de talkshowtafels, zich vrij uitgesproken met de zaak. Hij is zelfs 'honderd procent' zeker dat de klusjesman schuldig is. Zijn boodschap is duidelijk te horen in verschillende media.

Uiteindelijk wordt Michael de Jong, alias de klusjesman, door de media en de samenleving neergezet als een gevaarlijk en gestoord monster. Hij kan niet meer over straat, raakt zijn baan kwijt, zelfs zijn vrienden laten hem links liggen. Hij wordt dus publiekelijk veroordeeld, terwijl hij nooit 'echt' – strafrechtelijk – beschuldigd is.

In hoger beroep wordt Louwes toch veroordeeld, hij krijgt twaalf jaar cel. De Hond wordt veroordeeld wegens smaad. Hij krijgt een voorwaardelijke gevangenisstraf van twee maanden, mag De Jong niet meer in verband brengen met de Deventer moordzaak en moet hem een schadevergoeding betalen.

Nieuwsuur-journalist Bas Haan schrijft er een boek over, er komt een podcast en het verhaal wordt verfilmd. *De Veroordeling* (2021) krijgt vier Gouden Kalveren. Michael de Jong mag er een in ontvangst nemen. Terwijl er eerst nog gretig een appel werd gedaan op de mythe, wordt diezelfde mythe nu juist ontkracht. De man is geen gevaarlijk monster meer, maar is 'een van ons' geworden. Het beeldvormingsproces van De Jong gaat nu dus precies de andere kant op: De Jong verandert van gevaarlijke gek in een heel normale man.

Berichtgeving in de media kan ons zicht op de moordenaar met een stoornis enorm bepalen. Hoe komt die tot stand? Hoe wordt onze kijk op de moordenaar gestuurd? En welke informatie toont ons zijn ware gezicht?

De rechters: van dunne scriptie naar dik vonnis

In de eerste plaats is er het vonnis: via hun uitspraak zijn rechters belangrijke beeldvormers. Volgens rechter Frank Wieland, voorzitter van de rechtbank tijdens de Holleeder-zaak (hoofdstuk 4), hebben rechters dan ook een belangrijke verantwoordelijkheid hierin. Zij moeten hun beslissing zo helder mogelijk uitleggen, want alleen met duidelijke toelichting kan de samenleving een juist beeld krijgen. Zo zal Wieland bij ingewikkelde zaken over ontoerekeningsvatbare moordenaars de relatie tussen de stoornis en de daad zo uitgebreid mogelijk toelichten. Hij zal in ieder geval niet volstaan met: de verdachte heeft een slechte jeugd gehad, want 'daar moet half Nederland van braken', aldus Wieland.

Al tijdens zijn studie verdiept de rechter zich in moordenaars met een stoornis en de manier waarop over hen wordt gecommuniceerd. Als student schrijft hij zijn scriptie bij de toenmalige directeur van het Pieter Baan Centrum, hoogleraar forensische psychiatrie Frank Beyaert. Wieland onderzoekt wat in die tijd op zitting wordt gezegd over de pro Justitia rapportages. Hij heeft een korte, maar duidelijke conclusie: 'Dat was verontrustend weinig. Mijn scriptie werd dan ook vrij dun.'

Begin jaren tachtig constateert Wieland dat strafrechtelijke uitspraken regelmatig verkeerd begrepen worden. Tijdens de rechtbankvergadering zegt hij: 'Wat we missen zijn mensen die goed uitleg geven over de rechtbank aan de pers. Ik weet dat ze in sommige steden een persrechter hebben. Moeten wij dat niet ook doen?' Iedereen knikt, en kijkt vervolgens naar Wieland. Zo is hij ineens persrechter, iets dat hij uiteindelijk veertien jaar lang doet. Een van de eerste dingen die hij tegen zijn collega's zegt is: 'Schrijf je vonnis zo, dat ik het niet hoef uit te leggen.'

Tijden veranderen. Tegenwoordig zijn persrechters niet meer zeldzaam, zijn de vonnissen een stuk dikker dan Wielands scriptie en wordt er relatief veel uitleg gegeven over de rapportages, waardoor de media de genuanceerde boodschap over 'gestoorde' moordenaars beter oppikken. Maar volgens Wieland kunnen rechters nóg meer doen. Niet alleen in hun uitspraken, ook tijdens de zitting kunnen rechters rekening houden met het grote publiek. Gedurende de Holleeder-zaak volgt Wieland bijvoorbeeld nauwlettend de krantenberichten, de tweets op social media en de gesprekken aan de talkshowtafels. Op deze manier kan hij controleren of de informatie correct naar buiten komt en kan hij misverstanden op een later moment bijsturen. Wieland: 'Daar sta ik wel grotendeels alleen in hoor. Je hebt ook rechters die zeggen: "We spreken alleen via ons vonnis, punt." Want veel uitleggen brengt als risico met zich mee dat je meer zegt dan wat er in de uitspraak staat. En dat kan soms weer leiden tot meer, in plaats van minder onduidelijkheid.'

Daarbij kun je je afvragen of je met deze publieke belangstelling niet in een grijs gebied komt. Want tasten al die standpunten, invloeden en zienswijzen niet (onbewust) de onafhankelijkheid van de rechter aan?

Dat valt allemaal wel mee, vindt Wieland. Natuurlijk kunnen zaken in de media uit hun verband worden getrokken, uitvergroot worden, of uit hun context gehaald worden. Maar hij heeft in al die jaren niet meegemaakt dat hij daardoor als rechter uit evenwicht is geraakt. Vakinhoudelijk heeft hij namelijk altijd veel meer informatie dan de media, bovendien heeft hij een professionele afstand tot mediastormen ontwikkeld.

Wij zijn niet de enigen die onder de indruk zijn van de rol die Wieland in dit alles heeft gespeeld. Ook uit onverwachte hoek kan hij op sympathie rekenen. Een veroordeelde: 'De straf die ik heb gekregen was klote, maar die rechter... Die was tof.'

De journalisten: wat je niet opschrijft

Zoals veel journalisten, volgt ook Telegraafjournalist Saskia Belleman de Holleeder-zaak op de voet. Sterker nog, rechter Wieland las háár tweets tijdens de zitting. Wij spreken Belleman, bellend vanuit haar auto, op de terugweg van een rechtszaak in Den Bosch. 'Ik heb alle tijd, ik ben zeker nog anderhalf uur onderweg, dus we kunnen doorgaan zolang jullie het nog interessant vinden.'

We praten de hele autorit vol.

Ook journalisten als Belleman modelleren ons beeld van de moordenaar. Kranten zoals *De Telegraaf* hebben speciale misdaadbijlagen, journaals besteden volop aandacht aan opvallende moordzaken en rechtbankverslaggevers of misdaadjournalisten zitten geregeld in de talkshows.

Om de beeldvorming zo realistisch mogelijk te houden, weegt Belleman zorgvuldig af wat ze wel, maar ook wat ze níét zegt. Dat zit 'm al in de woordkeuze. Ze ontkomt natuurlijk niet aan woorden als moord, doodslag, of steekpartij. Belleman: 'Maar soms lees ik wel eens over een slachtpartij, zo'n woord zou ik niet graag zien in samenhang met iemand uit mijn familie.'

Bij zedendelicten is Belleman al helemaal terughoudend. Ze kent slachtoffers die naderhand zijn geconfronteerd met details over hun verkrachting, en dat is natuurlijk ontzettend pijnlijk. Daarom houdt Belleman het bij 'seksueel misbruik', tenzij bepaalde details relevant zijn voor de zaak.

Maar iets niét vermelden is lastig, zeker voor een journalist. Belleman merkt dit extra duidelijk als zij verslag doet van de zaak van Marianne Vaatstra.

Na een avond stappen, het is Koninginnedag in 1999, fietst de zestienjarige Marianne vanuit het Friese Kollum naar huis. Ze komt er nooit aan. De volgende ochtend wordt haar lichaam gevonden in een weiland.

Ruim dertien jaar later komt Jasper S. als verdachte naar voren, dankzij DNA-verwantschapsonderzoek. Volgens deskundigen heeft S. zich laten overheersen door zijn 'geslachtsdrift', maar is er geen sprake van een stoornis.

In de rechtszaal doet S. zijn verhaal, dat Belleman live verslaat via Twitter. Zo zegt S.: 'Vanuit het niets dacht ik: Jij bent van mij. Heb ik nooit eerder gehad. Nadien ook niet meer gedacht. [...] Er is ergens een knop omgegaan, mijn geweten schakelde uit. Hoe en waarom, ik weet het niet.' Hij verklaart vervolgens dat hij Marianne van haar fiets heeft gesleurd en heeft verkracht. Ook vertelt hij dat hij haar na afloop probeerde te wurgen. S.: 'Toen ik haar nog hoorde ademen, heb ik in paniek het mes gepakt en haar keel doorgesneden. [...] Ik dacht aan mijn gezin, aan de ontdekking, wat het allemaal teweeg zou brengen.'

Belleman blijft meetwitteren. Om zo goed mogelijk weer te geven wat er in de rechtszaal gebeurt, citeert ze S. vrijwel letterlijk, ook als hij gedetailleerd vertelt hoe hij met het mes tekeergaat. Belleman: 'Daar heb ik spijt van. Het doorsnijden van haar keel is genoeg. Wat voegen verdere details daar nog aan toe? Toen was het nog niet mogelijk om een tweet te wissen, maar als dat had gekund, had ik het gedaan. Deze zaak is voor mij een waarschuwing geweest: niet ten koste van alles de eerste willen zijn.'

Snelheid versus zorgvuldigheid, het is ook iets dat Remco Andringa, redacteur politie & justitie bij de NOS, tegen elkaar afweegt. Hij herinnert zich de zaak van Michael P., die Anne Faber verkrachtte en doodde (zie hoofdstuk 2), nog goed. 'Tijdens de zoektocht naar haar lichaam zijn sommige media echt te ver gegaan. Er is zelfs een drone in de lucht gelaten, om foto's van de plaats delict te maken. Een foto die ook wij, ik geloof maar even, een half uurtje, online hebben gehad. Maar de vindplaats van het lichaam is niet voor niets afgesloten, er zijn rechercheurs aan het werk. Daar moet je niet met je drone boven gaan hangen. Dat is gewoon niet kies.'

In die periode doet een regionale omroep live verslag van het leegdreggen van een vijver bij Huis ter Heide, de plek waar Annes fiets is gevonden. Andringa: 'Stel je voor dat ze precies op dat moment was gevonden? Dan is een verslaggever live, terwijl op de achtergrond haar lichaam uit het water wordt gehaald. Dat wil je niemand aandoen.'

Dat je niet live op zoek moet gaan naar een lichaam, daar kan iedereen zich wel wat bij voorstellen. Maar hoe er zorgvuldig omgegaan moet worden met beeldmateriaal is niet altijd evident. Zo ken je ongetwijfeld die vrij algemene foto van het lichaam onder het witte laken. Een beeld dat uitstraalt: dit is moord.

Volgens Andringa plaatsen media deze foto veel te makkelijk, zich niet realiserend dat de meeste nabestaanden zo'n foto heel confronterend vinden. 'Beeld je eens in hoe pijnlijk het is om iedere keer je geliefde onder een wit laken te zien liggen.'

Soms krijgt Andringa het verzoek van nabestaanden om een foto te vervangen door een andere, vaak een waar hun dierbare mooi en lachend op staat. Meestal doet Andringa dat dan ook, maar af en toe is dat wel lastig. Nabestaanden willen het liefst dat hun dierbare op een zo mooi mogelijke manier in de media komt. Andringa: 'Bij onschuldige slachtoffers kan dat wel, maar er zijn ook vermoorde criminelen met een behoorlijk gewelddadig verleden. En als je het dan hebt over wat die crimineel allemaal heeft uitgespookt, is het gek om de hele tijd naar zijn lachende, vrolijke gezicht te kijken.'

Niet alleen over het slachtoffer, ook over de moordenaar zijn details bij politie en justitie bekend. Soms verzoeken advocaten de rechtbank om niet te veel over persoonlijke omstandigheden naar buiten te brengen, uit privacyoverwegingen. Belleman denkt dat zoiets juist níét in het belang van een verdachte is. 'Alleen door iemands persoonlijke omstandigheden te kennen wordt het inzichtelijk hoe het allemaal is gegaan in dat hoofd. Als je dat maar heel summier behandelt, ontneem je de verdachte de kans op dat kleine beetje begrip.'

Belleman merkt dit bijvoorbeeld als ze verslag doet van de strafzaak rondom de dood van Sandra Hazeleger. De vrouw, afkomstig uit een miljonairsfamilie, is om het leven gebracht door Bob H., haar partner. Belleman: 'Tijdens die rechtszaak werden zoveel details gegeven over hun relatie, dat ik ergens dacht, is dat nu allemaal wel nodig? Toch droeg het beeld van hun samenzijn wel degelijk iets bij, omdat het een grote rol speelde in het delict.'

Bob en Sandra leven al jaren samen, voornamelijk van Sandra's geld. Ze hebben vier kinderen. Vooral Bob bekommert zich over het huishouden en de opvoeding. Volgens de berichten wordt de huisvader regelmatig uitgescholden en belachelijk gemaakt door zijn vrouw – Sandra zou hem spottend 'Bob de loser' noemen.

Er wordt een beeld geschetst van een man die zich ondergewaardeerd, gekleineerd en vernederd voelt.

Als ze op wintersportvakantie zijn en een dikke portemonnee met contant geld, hun vakantiegeld, wordt gestolen, barst de bom. Sandra geeft Bob de schuld en het stel breekt hun wintersport af.

Na de vakantie blijft Sandra boos. 'Andere mensen kunnen wel vaak op vakantie,' snauwt ze, vanachter haar computer. Die ene opmerking is de druppel die Bobs emmer doet overlopen: zijn jarenlange opgekropte frustratie komt er in één keer uit. Hij pakt de hondenriem en legt die om de nek van Sandra, die nog steeds achter de computer zit. Hij trekt de riem aan, steeds harder, steeds strakker, totdat Sandra op de grond valt. Bob sleurt haar naar buiten, ziet haar borstkas op en neer gaan en trekt de riem nog een keer aan. Dan beweegt Sandra niet meer. Onverstoorbaar legt Bob zijn vriendin vervolgens in de achterbak van hun auto. Haar lichaam dumpt hij in een sloot. Daarna gaat hij naar bed – alsof er niks is gebeurd.

De volgende ochtend, het is dan 27 februari 2011, geeft Bob Sandra als vermist op bij de politie. Vervolgens 'zoekt' hij Sandra twee dagen lang, met familie. Ook steekt hij de auto in brand; zo weet hij zeker dat ieder spoor is gewist. Maar Bob weet niet dat de overbuurvrouw alles heeft gezien...

In de rechtszaal zegt Bob: 'Als je over die lijn gaat, dan is er blijkbaar iets wat je zegt dat je het moet afmaken.' In tranen verklaart hij 'niet bij benadering' te kunnen aangeven hoeveel het hem spijt. Bob, die volgens deskundigen lijdt aan een persoonlijkheidsstoornis, wordt veroordeeld voor moord, en vertrekt naar de gevangenis. In hoger beroep wordt het doodslag, want 'voorbedachte raad' is onvoldoende bewezen. Hij krijgt een celstraf van acht jaar.

Is het nu van belang dat het grote publiek weet dat hun relatie bar en bar slecht was? Dat Bob steeds gefrustreerder raakte?

En ongelukkig was? Misschien wel als je je een voorstelling wil maken van Bob. Het maakt inzichtelijk hoe bij hem alle stoppen zijn doorgeslagen. En waarom hij, naar eigen zeggen, in een vlaag van verstandsverbijstering een grote, onomkeerbare fout heeft gemaakt. In ieder geval draagt deze informatie bij aan een realistische weergave van Bob: een man die de controle is kwijtgeraakt, geen 'Geiniaanse gek' die moordt voor zijn plezier. En zo krijgt het uiterlijk van de moordenaar ook vorm door journalisten als Belleman en Andringa. Zij wegen per moordzaak zorgvuldig tegen elkaar af wat er wel, en wat er niet gebracht moet worden, zodat wij ons, als samenleving, een beeld kunnen vormen.

True crime: gedramatiseerde feiten of feitelijk drama?

Films als *De Veroordeling* behoren tot het true crime-genre, het genre waarin waargebeurde moorden verteld worden als een verhaal. Maar niet elke true crime heeft een zorgvuldige en grondige journalistiek basis, zoals *De Veroordeling.* Soms is het dan ook niet duidelijk wanneer werkelijkheid overgaat in fictief drama. En als je niet oppast, veroorzaakt zo'n mengelmoes van feit en fictie juist desinformatie. Zo loop je het risico dat het genre juist bijdraagt aan nepnieuws, precies hetgeen waar *De Veroordeling* tegen protesteert.

Neem bijvoorbeeld *Making a Murderer,* de populaire Netflixserie uit 2015. Ook hier draait het om een ten onrechte beschuldigde moordenaar. Tenminste, dat idee krijg je na het kijken van de afleveringen. Maar verschillende rechterlijke procedures en herzieningsverzoeken leiden tot een andere conclusie.

De drieëntwintigjarige Steven Avery wordt verdacht van verkrachting en poging tot moord. Avery houdt bij hoog en laag vol dat hij onschuldig is, maar de jury is niet onder de indruk en Avery vertrekt naar de gevangenis. Maar dan laat DNA-onderzoek zien dat Avery de dader niet kán zijn. Avery wordt vrijgelaten, maar het is inmiddels september 2003 en Avery heeft achttien jaar (!) onschuldig vastgezeten. Hij eist 36 miljoen dollar aan schadevergoeding. Eind goed, al goed, en voldoende input voor minstens twee seizoenen, zou je denken. Maar het echte verhaal begint nu pas. Avery kan niet lang van zijn vrijheid genieten en wordt binnen twee jaar opnieuw opgepakt, nu vanwege de moord op een vijfentwintigjarige fotografe. Zij is voor het laatst gezien op Avery's autosloperij, Avery's bloedsporen zijn in haar auto aangetroffen en voor zijn huis liggen verkoolde overblijfselen van de vrouw begraven.

Avery blijft volhouden dat hij er ingeluisd is. Maar als zijn neef, Brendan Dassey, een belastende verklaring aflegt is het gedaan met Avery. Zijn neef bekent namelijk dat hij de moord samen met Avery heeft gepleegd. De twee mannen verdwijnen voor de rest van hun leven achter tralies.

In de serie zaaien de advocaten van Avery en Dassey zeeën van twijfel over de veroordeling. Ze suggereren bijvoorbeeld dat de politie het bewijs heeft neergelegd. Ook beweren ze dat de bekentenis van neef Dassey niet betrouwbaar is: de jongen is zwakbegaafd en zou onder druk gezet zijn, iets waar hij door zijn lage IQ extra vatbaar voor is. En, niet onbelangrijk: justitie had zich al een keer vergist.

De serie wordt een hit, waarbij de advocaten het grote publiek op hun hand krijgen. Wereldwijd reageren mensen verontwaardigd. Er wordt geprotesteerd tegen de celstraf van Avery en zijn neef. Politiemensen die in de serie voorkomen worden bedreigd. Er komt zelfs een petitie, ondertekend door honderdduizenden Amerikanen, waarin president Obama wordt verzocht om gratie te verlenen.

Er is ook kritiek. De serie vertelt vooral het verhaal van de advocaten en niet van de aanklagers, waardoor je als kijker een gekleurd beeld krijgt. Volgens het blad *Time* is belastend bewijs weggelaten uit de afleveringen. Zo zouden ook de telefoon en camera van de fotografe een aantal meter van Avery's deur gevonden zijn en zou Avery's DNA – afkomstig van zijn zweethanden – in de auto van de fotografe zijn aangetroffen. Bovendien zou het slachtoffer al eens hebben aangegeven dat ze bang was voor Avery.

Hoe het nou écht zit, weet je na twintig uur *binge watchen* eigenlijk nog steeds niet. Volgens een van de makers, Laura Ricciardi, is dat geen probleem. Tegen de VPRO zegt ze: 'Voor ons gaat het niet over zijn schuld of onschuld. Wij kijken naar het proces, het systeem.'

Maar hoe objectief kun je het systeem beoordelen, als vooral de advocaten en familieleden van Avery aan het woord zijn? Als je veel emoties maar weinig feiten voorgespiegeld krijgt? En als je, ondanks drie seizoenen, geen complete voorstelling kunt maken van wat zich precies heeft afgespeeld? Daarbij lijkt zo'n eenzijdig beeld niet fair ten opzichte van de nabestaanden van de fotografe, maar ook niet tegenover Avery en zijn familie, die op deze manier valse hoop op vrijlating zouden kunnen krijgen.

Plooibaar

Je ziet het: het uiterlijk van de 'echte' moordenaar heeft vele vormgevers. Het wordt ingekleurd door rechters als Wieland, door journalisten als Belleman en Andringa en ook door true crime-films als *De Veroordeling* en *Making a Murderer.* Al deze beeldvormers geven hem steeds meer gestalte.

Maar zodra we denken dat we hem recht in zijn gezicht aankijken moeten we één ding niet over het hoofd zien: de vonnissen, nieuwsberichten en films krijgen alleen inhoud doordat ze beluisterd, belezen of bekeken worden: zonder luisteraar, lezer, filmliefhebber of bingewatcher hebben ze weinig betekenis. Wij zijn dus zélf een minstens even grote speler op het beeldvormingsveld.

Dat is belangrijk om te beseffen, want we hebben ook gezien hoe sterk de mythe van de moordenaar kan zijn: al snel zetten we de moordenaar weg als een gevaarlijke gek. Nu giet deze 'mythologisering' wel een smeuïg sausje over horrorcomics, deathmethalbands en griezelfilms, maar het vertroebelt ook ons werkelijke zicht. Door te vluchten in het cliché wordt het lastig om de moordenaar in al zijn aspecten te kunnen zien.

Als we de psychoanalytische verklaringen aanhouden is de mythe een manier om onze angst en afschuw te onderdrukken. Dat is begrijpelijk, maar voor een realistisch beeld is het beter om deze gevoelens te erkennen en te kijken naar de feiten die de vele experts ons schetsen. Pas als we onszelf díé spiegel voorhouden kunnen we de moordenaar beter bekijken. Een moordlustige klusjesman blijkt dan opeens niet zo Anders, een vriendelijke boekhouder pakt dan plots een stuk minder onschuldig uit.

Samen met vele andere beeldvormers boetseren wij dus het uiterlijk van de gestoorde moordenaar. Toch zal de klei nooit hard worden, maar kneedbaar blijven, al smeren we het met onze vingers eindeloos in dezelfde richting. Zo kan een 'verkrachtende moordenaar' na jaren opeens rekenen op sympathie van bijna het hele Amerikaanse volk en kan een agressieve echtgenoot geleidelijk vervormen tot 'Bob de loser'. Hoe de klei ook gemodelleerd wordt, het beeld is nooit definitief, zelfs niet als de rimpeltjes in het moordlustige gezicht aandoen als onbuigzame groeven. Want onze eigen blik, díé is misschien wel het meest plooibaar.

TOT SLOT

DE SCHEMERZONE TUSSEN DAAD EN DADER

'Jullie benadering roept wel wat bij me op. Gestoorde moordenaars... Het zijn *mensen* die een moord hebben gepleegd. Je bent je delict niet!' Marcella Kleine, cliëntvertrouwenspersoon in een forensisch psychiatrische kliniek, kijkt ons strak aan. Met gefronste wenkbrauwen vervolgt ze haar relaas: 'Een persoon is zoveel meer! Een vader of een zoon, misschien is hij wel een heel goede werknemer. In ieder geval is er iets in het leven geweest waardoor iemand over de streep gaat. En wie zegt dat een van ons het nooit zal doen? Ik weet niet in welke omstandigheden ik nog ga komen.'

Kleine werkt al ruim twintig jaar in de forensische psychiatrie. Zij begeleidt mensen naar de klachtencommissie. Onder haar cliënten bevinden zich moordenaars en zedendelinquenten. Toch kan ze zich maar één persoon herinneren die ze echt onsympathiek vond.

'Voor de meesten heb ik een soort compassie ontwikkeld, omdat hun wieg simpelweg op de verkeerde plek stond. Door vaak schrijnende omstandigheden hebben ze op een gegeven moment iets verschrikkelijks gedaan, zonder dat ze dat ooit van tevoren hadden kunnen bedenken. Het is zo indringend wat je allemaal hoort. De triestheid van het bestaan van veel mensen. En ik snap gewoon dat je op een dag een verkeerde stap kunt zetten, al keur ik dat natuurlijk niet goed. Maar een kat in het nauw maakt rare sprongen...'

Hoe penibele omstandigheden kunnen bijdragen aan een levensdelict zagen we ook bij Jorge, de eerste dader uit dit boek. Zijn adoptie, meerdere traumatische ervaringen en zijn psychische problemen hebben hem (mede) tot het uiterste gedreven.

Kleine kent Jorge uit de kliniek. Ze schrijft zijn levensgeschiedenis op in het boek *Drie jaar cel en tbs*. Kleine: 'Wat ik wil benadrukken: ons verhaal is geen verontschuldiging. Het is vreselijk wat Jorge heeft gedaan, dat vindt hij zelf ook. Maar we maken inzichtelijk waarom het zo is gelopen. Er zitten zoveel kanten aan. Het is een dunne scheidslijn tussen goed en kwaad.'

Toch blijven we het een lastige kwestie vinden. De goed-kwaadscheiding is namelijk niet de enige lijn die dun is. Bijna alle lijnen die de moordenaar met een stoornis optekenen zijn met stippeltjes getrokken, zachtjes met potlood neergezet of zelfs volledig uitgegumd. Zo roept de moordenaar met een stoornis vragen op over de grenzen van krankzinnigheid (deel 1), de definitie van schuld (deel 2) en het verantwoordelijkheidsbegrip (deel 3). Maar hij doet ook direct iets met ons: allemaal hebben we een bepaald beeld – zonder dat de lijnen dáárvan definitieve vormen aannemen (deel 4).

Daarbij kunnen die lijnen wel dun, stippelig of zacht zijn, ze zijn ook onuitwisbaar. Nicky Verstappen, Anne Faber, Marianne Vaatstra, Sandra Hazeleger, Pérez González, Bido Fernández, Theo van Gogh en Gabrielle Cevat zijn er niet meer. Het anderhalfjarige meisje uit de Bijenkorf-zaak, de twee kinderen uit Tolbert en het achtjarige jongetje uit Hoogerheide ook niet. Net als de weduwe uit Deventer en de fotografe uit Wisconsin – toevallig dezelfde Amerikaanse staat als waar de slachtoffers van Ed Gein leefden.

Hoe moeten we kijken naar zieke mensen die een fatale daad hebben verricht? In hoeverre zijn ze dader, in hoeverre zijn ze zelf ook – een beetje – slachtoffer? Moeten we deze mensen wel 'moordenaars' noemen? En wat doen we ermee? Achter de tralies, of investeren in een behandeling? Of allebei? Wat is rechtvaardig? En kunnen we überhaupt wel spreken van rechtvaardigheid als onschuldige mensen het leven laten?

Een direct antwoord is er niet. Dit soort vragen zijn te veelzijdig. En precies dát hebben we je in dit boek laten zien. We hebben je meegenomen naar het vaststellen van de feiten en naar het bevragen van de schuldkwestie, naar de dodelijke gekte in de tbs-wereld en naar een gekke dodelijkheid op het witte doek. Want het gezicht van de moordenaar met een stoornis krijgt alleen reliëf als we deze verschillende kijkrichtingen combineren. De blik van rapporteurs en rechercheurs, maar ook die van filosofen en journalisten. Die van aanklagers en rechters, van moordenaars en politieagenten, van neurowetenschappers en tbs-behandelaren. Die van de samenleving in het algemeen, maar ook die van onszelf. Afzonderlijk geven de zienswijzen onvoldoende diepte, maar allemaal samen ontstaat er wél perspectief. Puntjes van scherpte ontstaan als je doorhebt dat het volledige portret te breed is voor één paar ogen.

We hopen dat we jouw zicht een beetje vager hebben gemaakt.

DANKWOORD

Hét gezicht van de moordenaar valt dus niet eenduidig uit te tekenen, maar dankzij vele mensen hebben we er wel handen en voeten aan kunnen geven.

Meteen na onze eerste afspraak bij Marcella van der Kruk, op dat moment redacteur bij Atlas Contact, liepen we enthousiast naar buiten. Haar vriendelijke en toegankelijke manier van discussiëren gaf vertrouwen. Toen Marcella uitgever werd bleef ze betrokken, maar het uiteindelijke redigeren van ons manuscript werd nu gedaan door Barend van der Have. Het vertrouwen werd er niet minder op. Barends vrolijke bejegening zorgde ervoor dat we elke meeting verlieten met een glimlach, of we nou hadden gesproken over Freud of *Flikken Maastricht.*

Dit boek was er ook niet geweest zonder de vele mensen die bereid waren om ons mee te nemen in hun wereld. Zo stond Jorge Chito ervoor open om zijn kwetsbare verhaal met ons te delen, ondanks de rafelige en soms pijnlijke randjes.

Jaren eerder, ruim voor ons gesprek met Jorge, liep Lotje mee met rapporteurs Susan Frehe en Mike Sikkens. Het idee voor het boek was er toen nog niet, maar achteraf bekeken heeft deze ervaring zonder meer een zaadje geplant voor dit boek. Sikkens nam later uitgebreid de tijd om ons nog meer te vertellen over het rapporteerdersvak en de tbs-wereld, evenals forensisch psychiater Sabine Roza.

Hoe het is om te werken in de wereld van 'echte' kogels, werd inzichtelijk door gesprekken met mensen van de recherche, die anoniem willen (of eigenlijk moeten) blijven. Ook de verhalen uit de indrukwekkende carrière van rechter-commissaris Maxim Ferschtman hielpen ons om de bloederige strafrechtelijke kwesties beter te begrijpen, net als de schat aan ervaring die doorklonk in het interview met strafrechtadvocaat Job Knoester – die tussen neus en lippen door vertelde dat hij koos voor tbs-zaken, omdat hij echtscheidingszaken 'vervelend' vond.

Paul van de Beek en Antine van Nederpelt lieten zien waarom hun leven als officier van justitie 'nooit saai' was. Laura López, momenteel in opleiding tot officier van justitie, maakte duidelijk dat er in dat opzicht weinig is veranderd.

Paul van de Beek ging na zijn officierscarrière aan de slag als rechter. Ook vanuit deze positie was hij meer dan bereid om ons te helpen – hij gaf ons uitleg en handvaten waar de gemiddelde rechtenstudent een moord voor zou doen.

De vele methodes waarop anderen om zeep gebracht kunnen worden, leerden we van rechters Geert van de Beek (inderdaad, Pauls zoon) en Niels Janssens – in juridische zin natuurlijk; rechters hebben geen vuile handen.

Ook rechter Frank Wieland gaf ons onmisbare opheldering, terwijl wij ons ondertussen niet konden beheersen en honderden vragen over allerlei bekende zaken op hem loslieten. Toen we achteraf – enigszins beschaamd – vroegen of ons iets te enthousiaste spervuur aan vragen niet wat veel was, keek hij ons aan met een amusante blik in zijn ogen. 'Maak je niet druk,' grinnikte hij.

In 2012 volgde Lotje de masterclass 'Vrije wil: een hersenkronkel? In debat met neurowetenschappers en filosofen' onder leiding van filosofe en hoogleraar Palmyre Oomen. Onder haar redactie kwam er een boek met dezelfde titel, waarin de betekenis van neurowetenschappelijke bevindingen voor de vrije wil uiteengezet worden. Op de eerste pagina wordt meteen stelling genomen: het is geen 'welles-boek' als reactie op de spraakmakende 'nietesboeken' van Swaab en Lamme. In plaats daarvan moet het werk bijdragen aan begripsverheldering en inzicht, 'opdat het denken niet stopt'.

Dat is gelukt. Vanaf de eerste bladzijde liet Oomen onze hersenen kraken, of we het nou 'wilden' of niet. Bijna tien jaar later was Oomen bereid om met ons te praten en zette ze geduldig de relevante literatuur uiteen. Daarna besloot ze de ontmoeting met: 'Succes met al het leeswerk en jullie weten me te vinden bij vragen. Jullie hoeven me trouwens echt niet te noemen in jullie boek, anderen zijn veel relevanter om te citeren over dit onderwerp.'

We doen het toch.

Tot slot is het de schuld van hoogleraar filmwetenschappen Patricia Pisters dat wij die afgrijselijke vrouwonvriendelijke verkrachtingsfilm zagen. Tegelijkertijd hebben we de interessante inzichten over de beeldvorming rondom moordenaressen ook aan haar te danken. Onze fascinatie voor Hannibal Lecter begrepen wij beter dankzij de psychoanalytisch geschoolde psychiaters Nina Silvester en Sadaf Rakhshandehroo. Dat dit stereotiepe beeld gevat kan worden in de 'mythe van de moordenaar' leerden we van hoogleraar Marieke Liem, iets waar we ook over spraken met hoogleraar Hans Boutellier. Hoe de beeldvorming rondom moordenaars er dan wél uit moet zien, toonden journalisten Saskia Belleman en Remco Andringa.

Onze laatste invalshoek, de empathische blik van cliëntvertrouwenspersoon Marcella Kleine, gaf ons de gelegenheid om nogmaals terug te blikken op het levensverhaal van Jorge Chito

– en hiermee was voor ons de cirkel rond, al heeft *Dodelijke gekte* ons ook duidelijk gemaakt dat cirkels elk moment weer doorbroken kunnen worden.

DE ONZICHTBAREN

In dit boek is er ook een stilte. Want zelfs het lawaai van alle experts bij elkaar is onvoldoende om de stem te laten horen van degenen die er het dichtstbij staan: de slachtoffers. In dit boek, dat zich richt op de daders, zou elke poging om ze tóch een geluid te geven tekortschieten. Woorden krijgen in deze context een verkeerde toon, zinnen een onjuist volume. Het geluid van de slachtoffers is in dit boek dan ook niet te horen. Maar dit betekent niet dat wij hen niet gehoord hebben. Voor ons is en blijft het oorverdovend hard, júíst in de stilte.

We hebben ons natuurlijk ook verdiept in de nabestaanden. We zagen hun interviews, lazen hun boeken en hoorden ze spreken in de rechtszaal. De gruwelijkheden die zij moeten verwerken, de pijn waarmee zij verder moeten leven en het onuitwisbare leed dat hun is aangedaan roept bij ons geen vragen op: het is verschrikkelijk. Hieraan hebben wij in dit boek geen taal gegeven. Nabestaanden verdienen meer ruimte dan een passage of hoofdstuk in een boek over daders. Het enige wat wij kunnen doen is stilstaan bij hun verdriet, de reden dat we er op deze bladzijde wél woorden aan geven.

De moordzaken uit dit boek hebben ons ook persoonlijk geraakt. Flarden uit vonnissen, zinnen uit nieuwsberichten en fragmenten uit zittingen spookten vaak langdurig door ons hoofd, en soms, op een onverwacht moment, liepen de rillingen ons over de rug. Maar het voelt onjuist om onze gevoelens te plakken op andermans verdriet. Wij willen niet ónze woorden gebruiken voor het leed van de slachtoffers en nabestaanden, dus dat doen we niet. Hun pijn blijft – voor ons – onbeschrijfelijk.

BRONNEN EN VERANTWOORDING

Opmerkingen van de auteurs

Alle interviews zijn afgenomen tussen 2019 en 2022. Als er bij de geraadpleegde websites geen datum staat, dan zijn ze voor het laatst bezocht tussen februari en maart 2023. Ook de rechterlijke uitspraken zijn voor het laatst geraadpleegd tussen februari en maart 2023.

Een échte

Jorge Chito

Gerechtshof 's-Gravenhage, 14 december 2011, ECLI:NL:GHSGR:2011:BU8296. https://uitspraken.rechtspraak.nl/inziendocument?id=ECLI:NL:GHSGR:2011:BU8296.

Jorge Chito en Marcella Kleine, *Drie jaar cel en tbs – van dader naar hulpverlener*, uitgeverij RS, 2019.

'Interview "Ik had ook kunnen weglopen en zijn dood kunnen voorkomen"', *NRC*, 17 januari 2020. https://www.nrc.nl/nieuws/2020/01/17/ik-had-ook-kunnen-weglopen-en-zijn-dood-kunnen-voorkomen-a3987252.

120 gevallen van moord/doodslag per jaar in Nederland

Gebaseerd op de cijfers van het CBS van 10 januari 2023. https://www.cbs.nl/nl-nl/cijfers/detail/84726NED (voor het laatst bezocht op 23 februari 2023).

3,5 procent 'abnormale' moorden

Dit is gebaseerd op de database van de Dutch Homicide Monitor, zie: '25 jaar moord in Nederland. Een trendanalyse van geslacht en leeftijd van slachtoffers van moord', *Tijdschrift voor Criminologie*, 2019, Vol. 61(3), p. 260-270, P. Aarten, H. Schönberger en M. Liem.

In ons gesprek licht Liem toe dat zij en haar collega's in de categorisering van het 'type moord' eerst zijn uitgegaan van de relatie tussen de dader en het slachtoffer en daarna van het motief. Bij de 'abnormale' moorden (3,5 procent) was er geen nauwe relatie tussen dader en slachtoffer en was het motief nauw verwant met de psychische stoornis van de dader.

Wetenschappelijke 'slecht of gek' discussie

'Bepaal toerekeningsvatbaarheid met standaard', *Medisch Contact*, 25 januari 2013. https://www.medischcontact.nl/nieuws/laatste-nieuws/artikel/bepaal-toerekeningsvatbaarheid-met-standaard.htm

Gerben Meynen, 'Hoofdstuk 5. Mad or bad? Psychiatrische stoornissen, verantwoordelijkheid en vrije wil', in: Maureen Sie e.a., *Hoezo vrije wil?*, uitgeverij Lemniscaat, 2011, p. 107-123.

1 De grens van krankzinnigheid

Van Hamel

Over G. van Hamel en zijn zoon is o.a. geschreven in: L. Noyon, H.J.C. van Marle, P.A.M. Mevis & M.J.F. van der Wolf, 'De discussie over neurowetenschap en strafrecht: een overzicht en een richting', *Delikt en delinkwent*, 2015/34.

2 Achtentwintig messteken of één fatale kogel

Anders Breivik

'Psychiaters blijven bij oordeel: Breivik is schizofreen', *Het Parool*, 14 juni 2012. https://www.parool.nl/nieuws/psychiaters-blijven-bij-oordeel-breivik-is-schizofreen~ba59b514/.

'Interview Noorse psychiater: "Breivik was toerekeningsvatbaar." Koelbloedige massamoordenaar was antisociaal maar wist wat hij deed', *Medisch Contact*, 22 maart 2017. https://www.medischcontact.nl/nieuws/laatste-nieuws/artikel/noorse-psychiater-breivik-was-toerekeningsvatbaar.htm.

‘Vonnis Breivik: schuldig en toerekeningsvatbaar’, *NOS Nieuws*, 24 augustus 2012. https://nos.nl/artikel/410195-vonnis-breivik-schuldig-en--toerekeningsvatbaar.

‘Interview Waarom Anders Breivik toerekeningsvatbaar was’, *Trouw*, 31 maart 2019. https://www.trouw.nl/nieuws/waarom-anders-breivik-toerekeningsvatbaar-was~bf94a674/.

‘Expert: “Geheime codes in manifest Anders Breivik”’, *Algemeen Dagblad*, 6 augustus 2011, https://www.ad.nl/buitenland/expert-geheime-codes-in-manifest-anders-breivik~aeedc906/.

‘Noor oefende moordpartij met schietspel’, *Het Parool*, 25 juli 2011. https://www.parool.nl/nieuws/noor-oefende-moordpartij-met-schietspel~b4ab6427/.

In Noorwegen kan er geen sprake zijn van verminderde toerekeningsvatbaarheid zoals in Nederland. In Noorwegen kennen ze namelijk het ‘medisch principe’. Dit houdt in dat een persoon toerekeningsvatbaar of ontoerekeningsvatbaar is. Een persoon is in Noorwegen ontoerekeningsvatbaar als hij ‘op het moment van de misdaad psychotisch, onbewust of ernstig mentaal geretardeerd is’. Zie: ‘Interview Noorse psychiater: “Breivik was toerekeningsvatbaar.” Koelbloedige massamoordenaar was antisociaal maar wist wat hij deed’, *Medisch Contact*, 22 maart 2017. https://www.medischcontact.nl/nieuws/laatste-nieuws/artikel/noorse-psychiater-breivik-was-toerekeningsvatbaar.htm.

Diagnostiek van psychische stoornissen

Eerder schreef Lotje over het ontbrekende neurobiologische substraat bij psychiatrische aandoeningen, zie: C.N. Steins Bisschop et al. ‘Een biologisch substraat voor psychische stoornissen, gouden toekomst of gouden bergen?’ *Tijdschrift voor Psychiatrie*, 62.5, 2020, p. 368-375, https://www.tijdschriftvoorpsychiatrie.nl/nl/artikelen/article/50-12193_Een-biologisch-substraat-voor-psychische-stoornissen-gouden-toekomst-of-gouden-bergen.

George H.

Rechtbank Amsterdam, 14 januari 2016, ECLI:NL:RBAMS:2016:132. https://uitspraken.rechtspraak.nl/inziendocument?id=ECLI:NL:RBAMS:2016:132.

Gerechtshof Amsterdam, 4 december 2017, ECLI:NL:GHAMS:2017:5021. https://uitspraken.rechtspraak.nl/inziendocument?id=ECLI:NL:GHAMS:2017:5021.

Parket bij de Hoge Raad, 28 mei 2019, ECLI:NL:PHR:2019:565. https://uitspraken.rechtspraak.nl/#!/details?id=ECLI:NL:PHR:2019:565.

Hoge Raad, 1 oktober 2019, ECLI:NL:HR:2019:1455. https://uitspraken.rechtspraak.nl/inziendocument?id=ECLI:NL:HR:2019:1455.

'Levenslange gevangenisstraf voor dubbele medicijnmoord', rechtspraak.nl, 4 december 2017. https://www.rechtspraak.nl/Organisatie-en-contact/Organisatie/Ger…inas/Levenslange-gevangenisstraf-voor-dubbele-medicijnmoord.aspx, voor het laatst bezocht op 2 juli 2021.

'George H. krijgt levenslang voor dubbele medicijnmoord', *Het Parool*, 14 januari 2016. https://www.parool.nl/nieuws/george-h-krijgt-levenslang-voor-dubbele-medicijnmoord~b9e9d909/.

Michael P.

Rechtbank Midden-Nederland, 17 juli 2018, ECLI:NL:RBMNE:2018:3330. https://uitspraken.rechtspraak.nl/#!/details?id=ECLI:NL:RBMNE:2018:3330.

Gerechtshof Arnhem-Leeuwarden, 5 juli 2019, ECLI:NL:GHARL:2019:5542. https://uitspraken.rechtspraak.nl/inziendocument?id=ECLI:NL:GHARL:2019:5542.

Parket Hoge Raad, 12 mei 2020, ECLI:NL:PHR:2020:434. https://uitspraken.rechtspraak.nl/#!/details?id=ECLI:NL:PHR:2020:434.

Hoge Raad, 23 juni 2020, ECLI:NL:HR:2020:1092. https://uitspraken.rechtspraak.nl/inziendocument?id=ECLI:NL:HR:2020:1092.

'De zaak Anne Faber', rechtspraak.nl, voor het laatst bezocht op 24 februari 2023. https://www.rechtspraak.nl/Bekende-rechtszaken/de-zaak-anne-faber.

'Hoge Raad verlaagt straf Michael P., die Anne Faber doodde, met vier maanden', NOS *Nieuws*, 23 juni 2020. https://nos.nl/artikel/2338238-hoge-raad-verlaagt-straf-michael-p-die-anne-faber-doodde-met-vier-maanden.

Gradaties van het toerekenen

Eerder schreven Lotje en Roselien over de drie- en vijfpuntsschaal van het toerekenen, zie: Lotje Steins Bisschop & Roselien Herderschee, 'Over Eminem en toerekeningsvatbaarheid', *De Jonge Psychiater*, 3 oktober 2019. https://dejongepsychiater.nl/thema-s/recht/over-eminem-en-ontoerekeningsvatbaarheid/.

Pro Justitia rapportages bij levensdelicten

M.C.A. Liem & D.J. Vinkers, 'Levensdelicten door verdachten met een psychotische stoornis in Nederland', *Tijdschrift voor Psychiatrie* 54.6, 2012, p. 509-516.

Toelichting: in de periode 2000-2006 werden er in Nederland 1212 dodingen gepleegd. Hiervan werd bij 485 verdachten een pro Justitia rapportage opgemaakt, dus ruwweg 40 procent.

Daders met een verstandelijke beperking

P. Vugts en H. Kras, 'Hoe de criminele ladder naar de ondergang leidt. De verschillende types slachtoffers van liquidaties in de Amsterdamse onderwereld', *Justitiële verkenningen – Liquidaties in Nederland*, Wetenschappelijk Onderzoek- en Documentatiecentrum van het ministerie van Veiligheid en Justitie en Boom Juridisch, 5, 2017, p. 55.

Dossierinformatie bij weigerende observandi

Zie artikel 37a *Wetboek van Strafrecht*.

Julien C.

Rechtbank Breda, 6 september 2007, ECLI:NL:RBBRE:2007:BB3032. https://uitspraken.rechtspraak.nl/#!/details?id=ECLI:NL:RBBRE:2007:BB3032.

Gerechtshof 's-Hertogenbosch, 26 februari 2008, ECLI:NL:GHSHE:2008:BC5105. https://uitspraken.rechtspraak.nl/#!/details?id=ECLI:NL:GHSHE:2008:BC5105.

Parket bij de Hoge Raad, 17 november 2009, ECLI:NL:PHR:2009:BI2315. https://uitspraken.rechtspraak.nl/#!/details?id=ECLI:NL:PHR:2009:BI2315.

Hoge Raad, 17 november 2009, ECLI:NL:HR:2009:BI2315. https://uitspraken.rechtspraak.nl/#!/details?id=ECLI:NL:HR:2009:BI2315.

Gerechtshof Arnhem, 18 mei 2011, ECLI:NL:GHARN:2011:BQ4981. https://uitspraken.rechtspraak.nl/#!/details?id=ECLI:NL:GHARN:2011:BQ4981.

Parket bij de Hoge Raad, 22 mei 2012, ECLI:NL:PHR:2012:BW6184. https://uitspraken.rechtspraak.nl/#!/details?id=ECLI:NL:PHR:2012:BW6184.

Hoge Raad, 22 mei 2012, ECLI:NL:HR:2012:BW6184. https://uitspraken.rechtspraak.nl/#!/details?id=ECLI:NL:HR:2012:BW6184.

3 Het dorp

Documentaire Bastøy

Bastøy, 2010, regie Michel Kapteijns. https://www.2doc.nl/documentaires/2010/10/bastoy-een-gevangenis-zonder-tralies.html.

Tbs bij een levensdelict

Tussen 1997 en 2009 zijn er 16 179 levensdelicten gepleegd en daarvan werd in 6 procent (927 keer) tbs opgelegd. Zie: bijlage 3, tabel 3, p. 44 in: E.M.H. Dijk, M. Brouwers, *Memorandum 2011-1. Daling opleggingen tbs met dwangverpleging - ontwikkelingen en achtergronden*, Wetenschappelijk Onderzoek en Documentatiecentrum, 2011. https://repository.tudelft.nl/view/wodc/uuid%3Ab741dbaa-c8ef-4441-8fe4-e575d3c92f82.

De tbs-maatregel

Artikel 37a *Wetboek van Strafrecht*.

'Soorten tbs', rijksoverheid.nl, voor het laatst bezocht op 26 februari 2023. https://www.rijksoverheid.nl/onderwerpen/tbs-en-overige-forensische-zorg/tbs/soorten-tbs.

Straffen en maatregelen, Dienst Justitiële Inrichtingen, Ministerie van Justitie en Veiligheid, voor het laatst bezocht op 26 februari 2023. https://www.dji.nl/justitiabelen/justitiabelen-in-forensische-zorg/straffen-en-maatregelen

NB: Niet elke dader met een stoornis krijgt tbs opgelegd. Er zijn bijvoorbeeld ook minder zware zorgmaatregelen, zoals een vorm van ambulante begeleiding. Daarbij kán de behandeling ook zonder zorgmaatregel van start gaan. Soms starten mensen bijvoorbeeld op vrijwillige basis met therapieën tijdens detentie. En als het echt moet, als iemand door een psychose bijvoorbeeld gevaarlijk is voor zichzelf of voor anderen, dan kan diegene achter tralies gedwongen worden tot een behandeling met antipsychotica.

Recidives na tbs en detentie

Recidives na tbs en detentie zijn geëxtraheerd uit de WODC-Recidivemonitor (2020), beschikbaar via: https://wodc-repris.nl/Repris.html, voor het laatst bezocht op 26 februari 2023. Het gaat om het percentage personen met minstens een nieuw geldig justitiecontact naar aanleiding van een misdrijf met een wettelijke strafdreiging van minstens 8 jaar. De prevalentie zeer ernstige recidive na tbs met dwang (uitgestroomd in 2011-2015) is 4 procent na 2 jaar. De prevalentie zeer ernstige recidive onder ex-gedetineerden (uitgestroomd in 2017) is 7 procent na 2 jaar.

De Bijenkorf-zaak

Gerechtshof Amsterdam, 17 september 2010, ECLI:NL:GHAMS:2010:BN7345. https://uitspraken.rechtspraak.nl/inziendocument?id=ECLI:NL:GHAMS:2010:BN7345.

C. de Ruiter, 'De Bijenkorf-zaak: een (on)betrouwbare "borderline" diagnose', *GZ-Psychologie* 3(5), 2011, p. 24-29. https://wwww.corinederuiter.eu/publicaties.php.

Risicotaxatie o.b.v. wetenschappelijk onderzoek

Een voorbeeld van een wetenschappelijk onderbouwd meetinstrument voor de risicotaxatie is de HCR-20 (*Historical Clinical Risk Management*). Deze vragenlijst wordt gebruikt voor de risicotaxatie van geweld. Het instrument bestaat uit drie schalen: een historische schaal, een klinische schaal en een risico-hanteringsschaal. Elke schaal heeft subonderdelen die je apart kunt scoren.

Voor de historische schaal zijn dat er tien, namelijk een geschiedenis van problemen met: (1) geweld, (2) overig antisociaal gedrag, (3) relaties, (4) werk, (5) middelengebruik, (6) een ernstige psychische stoornis, (7) een persoonlijkheidsstoornis, (8) traumatische ervaringen, (9) gewelddadige opvattingen en (10) respons op behandeling of toezicht.

Voor de tweede, de klinische schaal zijn er vijf subonderdelen, namelijk recente problemen met: (1) inzicht, (2) gewelddadige denkbeelden of intenties, (3) symptomen van een ernstige psychische stoornis, (4) instabiliteit, en (5) respons op behandeling of toezicht.

Bij de laatste, de risico-hanteringsschaal, zijn er ook vijf subonderdelen, namelijk toekomstige problemen met: (1) professionele ondersteuning en plannen, (2) leefomstandigheden, (3) persoonlijke steun, (4) respons op behandeling of toezicht, en (5) stress of coping.

Zie: Vivienne de Vogel, Michiel de Vries Robbé, Yonne Bouman, Farid Chakhssi, Corine de Ruiter, *Risicotaxatie van geweld – Historical Clinical Risk Management-20 Versie 3* (de Nederlandse vertaling), Eburon Academic Publishers, 2013, p. 176-177.

Meer over risicotaxatie: C. de Ruiter, 'Gestructureerde risicotaxatiemethoden: Wat de jurist moet weten', *Expertise en Recht* 2008-4.

Relatie tussen gewelddadig gedrag en bevelshallucinaties

J. Junginger, 'Command hallucinations and the prediction of dangerousness', *Psychiatric Services*, 46, 1995, p. 911-991.

F. Shawyer, A. Mackinnon J. Farhall et al., 'Acting on harmful command hallucinations in psychotic disorders: an integrative approach'. *The Journal of Nervous and Mental Disease*, 196 (5), 2008, p. 390-398.

De man die tijdens tbs-verlof een moord pleegt

Incidentenonderzoek FPC de Oostvaarderskliniek 2019, Inspectie Justitie en Veiligheid, Ministerie van Justitie en Veiligheid, 2019. https://open.overheid.nl/repository/ronl-df6ca8a1-b9c9-4029-825e-94b50dafobb2/1/pdf/tk-bijlage-incidentonderzoek-fpc-de-oostvaarderskliniek-2019.pdf.

Reactie van de Oostvaarderskliniek op het rapport *Incidentenonderzoek FPC de Oostvaarderskliniek 2019*. Beschikbaar via www.oostvaarderskliniek.nl, voor het laatst bezocht op 11 december 2020.

Behandelduur tbs

In 2009 was de mediane behandelduur 7,7 jaar. De mediaan is niet hetzelfde als het gemiddelde: de mediaan is het getal met evenveel metingen boven als onder zich – de middelste waarneming van alle naar grootte gesorteerde waarnemingen. Dit betekent dat van alle tbs-gestelden die in 2009 zijn ingestroomd 50 procent binnen 7,7 jaar uitgestroomd is, met proefverlof of met een voorwaardelijke beëindiging.

Informatieblad Behandelduur tbs – toelichting op berekening, Dienst Justitiële Inrichtingen, Ministerie van Justitie en Veiligheid, juli 2018. https://www.forensischezorg.nl/files/informatieblad_behandelduur_tbs_juli_2018.pdf.

Aantal mensen op de longstaylocaties

In 2018 waren er 103 mensen opgenomen op de longstaylocaties. Zie: tabel 1.13 in: *ForZo in getal 2014-2018. ForZo nader belicht*, Dienst Justitiële inrichtingen, Ministerie van Justitie en Veiligheid, juli 2019, p. 19. https://www.tbsnederland.nl/media/6854/ForZo-in-getal-2014-2018-def.pdf.

De man die tijdens lfpz-verlof een vrouw neersteekt

'HEMA-steker houdt oude tbs-straf', NOS *Nieuws*, 1 november 2010. https://nos.nl/artikel/195252-hema-steker-houdt-oude-tbs-straf.html.

Mike Sikkens over zijn werk

'Werken in een tbs-kliniek: lastig maar ontzettend leuk', *de Volkskrant*, 18 mei 2019. https://www.volkskrant.nl/nieuws-achtergrond/werken-in-een-tbs-kliniek-lastig-maar-ontzettend-leuk~b89c23e7/.

4 Achter het zwarte balkje

Willem Holleeder

Rechtbank Amsterdam, 4 juli 2019, ECLI:NL:RBAMS:2019:4555. https://uitspraken.rechtspraak.nl/inziendocument?id=ECLI:NL:RBAMS:2019:4555.

RTL *Nieuws*, 4 juli 2019, terugkijken: https://www.youtube.com/watch?v=e-o2LHYc73A.

Gerechtshof Amsterdam, 24 juni 2022, Het arrest dat het hof voorlas: https://www.rechtspraak.nl/SiteCollectionDocuments/voorleesarrest.pdf.

Gerechtshof Amsterdam, 24 juni 2022, ECLI:NL:GHAMS:2022:1842. https://uitspraken.rechtspraak.nl/#!/details?id=ECLI:NL:GHAMS:2022:1842.

'Strafzaak tegen Willem Holleeder – uitspraak', rechtspraak.nl, voor het laatst bezocht op 6 december 2022. https://www.rechtspraak.nl/Bekende-rechtszaken/strafzaak-willem-holleeder.

'Zij kregen Holleeder veroordeeld: "Ik had uitzinnige euforie verwacht maar dat is niet zo"', *de Volkskrant*, 5 juli 2019. https://www.volkskrant.nl/nieuws-achtergrond/zij-kregen-holleeder...-ik-had-uitzinnige-euforie-verwacht-maar-dat-is-niet-zo~ba79e174/.

'Justitie stellig: Holleeder had twee moordcommando's', *Het Parool*, 13 september 2018. https://www.parool.nl/nieuws/justitie-stellig-holleeder-had-twee-moordcommando-s~b50536cb/.

'Is Holleeder echt de "godfather van de Amsterdamse onderwereld" of denken we dat alleen maar?', *de Volkskrant*, 15 maart 2019. https://www.volkskrant.nl/nieuws-achtergrond/is-holleeder-echt-de-godfather-van-de-amsterdamse-onderwereld-of-denken-we-dat-alleen-maar~bce9401c/.

De pleitnotitie is in te zien op de website van Cleerdin & Hamer Advocaten, link: https://cleerdin-hamer.nl/holleeder-zaak/, voor het laatst bezocht op 4 november 2022.

'Holleeder weigert persoonlijkheidsonderzoek. "Ik zie het nut er niet van in"', *de Volkskrant*, 15 mei 2017. https://www.volkskrant.nl/nieuws-achtergrond/holleeder-weigert-persoonlijkheidsonderzoek-ik-zie-het-nut-er-niet-van-in~b7bec07d/.

Collegetour Willem Holleeder, aflevering 12 oktober 2012. https://www.npo3.nl/college-tour/12-10-2012/NPS_1211762.

'Holleeder zag aanbod column *Nieuwe Revu* als flauwe grap', *Algemeen Dagblad*, 4 september 2012. https://www.ad.nl/amsterdam/holleeder-zag-aanbod-column-nieuwe-revu-als-flauwe-grap~a9b7e403.

'Ben jij al fan van Willem Holleeder?' *RTL Nieuws*, 5 september 2012. https://www.rtlnieuws.nl/editienl/artikel/2624536/ben-jij-al-fan-van-willem-holleeder.

'Geen publiek in bunker bij vonnis Holleeder', *Het Parool*, 1 juli 2019. https://www.parool.nl/amsterdam/geen-publiek-in-bunker-bij-vonnis-holleeder~b9b4b050/.

5 Van achtervolgen tot vervolgen

Joeri Sterringa

Joeri Sterringa, *Van Diender tot Patiënt*, uitgeverij Boekscout, 2018.

'Politieman Joeri Sterringa: "Tijd om te zien dat agenten kwetsbaar zijn"', *Het Parool*, 16 juni 2018. https://www.parool.nl/nieuws/politieman-joeri-sterringa-tijd-om-te-zien-dat-agenten-kwetsbaar-zijn~b2e88c72/.

De moord waar Sterringa over schrijft

Rechtbank Amsterdam, 4 december 2009, ECLI:NL:RBAMS:2009:BK5327. https://uitspraken.rechtspraak.nl/#!/details?id=ECLI:NL:RBAMS:2009:BK5327.

Gerechtshof Amsterdam, 12 mei 2010, ECLI:NL:GHAMS:2010:BM5106. https://uitspraken.rechtspraak.nl/inziendocument?id=ECLI:NL:GHAMS:2010:BM5106.

De 'babbelboxmoord'

'DNA-bewijs Tilburgse moord houdt geen stand', *de Volkskrant*, 17 mei 2000. https://www.volkskrant.nl/nieuws-achtergrond/dna-bewijs-tilburgse-moord-houdt-geen-stand~bd038cd1/.

Ton Broeders, 'Hoofdstuk 4. Forensisch bewijs', in: Miranda Boone en Chrisje Brants (red.), *Criminologie en Strafrecht*, Boom Criminologie, 2020, p. 126-127.

Peter R. de Vries – De babbelboxmoord, 5 december 1999. Terugkijken: https://www.youtube.com/watch?v=sc3lZR4gzqo. Wilbert Elings, de advocaat van Durgane M., is aan het woord vanaf ongeveer 33 minuten en vanaf 43 minuten.

Jos B.

Rechtbank Limburg, 20 november 2020, CLI:NL:RBLIM:2020:9077. https://uitspraken.rechtspraak.nl/#!/details?id=ECLI:NL:RBLIM:2020:9077.

Gerechtshof 's-Hertogenbosch, 28 januari 2022, ECLI:NL:GHSHE:2022:232. https://uitspraken.rechtspraak.nl/inziendocument?id=ECLI:NL:GHSHE:2022:232.

'Zaak-Nicky Verstappen', rechtspraak.nl, voor het laatst bezocht op 6 december 2022. https://www.rechtspraak.nl/Bekende-rechtszaken/zaak-nicky-verstappen.

'In hoger beroep 16 jaar cel wegens ontucht, vrijheidsberoving en doden van Nicky Verstappen', rechtspraak.nl, voor het laatst bezocht op 6 december 2022. https://www.rechtspraak.nl/Organisatie-en-contact/Organisatie/Ger...ens-ontucht-vrijheidsberoving-en-doden-van-Nicky-Verstappen.aspx.

Brandon Mayfield

'Amerikaanse verdachte aanslagen Madrid opgepakt', *de Volkskrant*, 7 mei 2004. https://www.volkskrant.nl/nieuws-achtergrond/amerikaanse-verdachte-aanslagen-madrid-opgepakt~b11779a5/.

'Amerikaan gearresteerd in onderzoek naar Madrid-aanslag', *de Volkskrant*,

8 mei 2004. https://www.volkskrant.nl/nieuws-achtergrond/amerikaan-gearresteerd-in-onderzoek-naar-madrid-aanslag~ba6acf97/.

'Times Topics Brandon Mayfield – U.S. Will Pay $2 Million to Lawyer Wrongly Jailed', *The New York Times*, 30 november 2006. https://www.nytimes.com/topic/person/brandon-mayfield.

Niels Tjoonk, 'Onschuldig opgesloten vanwege goedgelovigheid', *Studium Generale (Universiteit Utrecht)*, 20 februari 2020. https://www.sg.uu.nl/artikelen/2020/02/onschuldig-opgesloten-vanwege-goedgelovigheid.

Itiel Dror

Itiel E. Dror, David Charlton, Ailsa E. Péron, 'Contextual Information Renders Experts Vulnerable to Making Erroneous Identifications', *Forensic Science International* 156(1), 2006, p. 74-78. https://pubmed.ncbi.nlm.nih.gov/16325362/

Douglas Starr, 'The Bias Hunter', www.science.org, 2022. Ook verschenen in: *Science* 376.6594. https://www.science.org/content/article/forensic-experts-biased-scientists-claims-spark-outrage.

Job Knoester

'Na de zoveelste "ze moeten je dochter verkrachten" is advocaat Knoester het zat: "Het wordt steeds erger"', *Brabants Dagblad*, 9 april 2022. https://www.bd.nl/binnenland/na-de-zoveelste-ze-moeten-je-dochter-verkrachten-is-advocaat-knoester-het-zat-het-wordt-steeds-erger~a11929a8/.

Peter Vencken

Rechtbank Breda, 10 november 2004, ECLI:NL:RBBRE:2004:AR5394. https://uitspraken.rechtspraak.nl/#!/details?id=ECLI:NL:RBBRE:2004:AR5394.

Gerechtshof 's-Hertogenbosch, 19 juli 2005, ECLI:NL:GHSHE:2005:AU0211. https://uitspraken.rechtspraak.nl/#!/details?id=ECLI:NL:GHSHE:2005:AU0211.

'Arts en recht – Vencken', *Medisch Contact*, voor het laatst bezocht op

14 april 2023. https://www.medischcontact.nl/nieuws/dossiers/dossier/vencken.htm.
'Peter Vencken: In de cel wegens verlichten van lijden', *Medisch Contact*, 16 november 2004. https://www.medischcontact.nl/nieuws/laatste-nieuws/artikel/peter-vencken-in-de-cel-wegens-verlichten-van-lijden.htm.
'Hof spreekt Peter Vencken vrij', *Medisch Contact*, 19 juli 2005. https://www.medischcontact.nl/nieuws/laatste-nieuws/artikel/hof-spreekt-peter-vencken-vrij.
'Gerechtshof kent Vencken 50 000 euro toe', *Medisch Contact*, 8 februari 2006. https://www.medischcontact.nl/nieuws/laatste-nieuws/artikel/gerechtshof-kent-vencken-50.000-euro-toe.
'Dokter voor de rechter', *de Volkskrant*, 5 maart 2005. https://www.volkskrant.nl/nieuws-achtergrond/dokter-voor-de-rechter~bb127572/.
'Wat als een patiënt stikt?', *NRC*, 30 juli 2005. https://www.nrc.nl/nieuws/2005/07/30/wat-als-een-patient-stikt-10588268-a394015.
Rob Bruntink, 'De zaak-Vencken "Het is echt kafkaesk geweest"', *Relevant*, uitgave van de Nederlandse Vereniging voor een Vrijwillig Levenseinde, nummer 1, januari 2006, p. 10-13. https://www.nvve.nl/files/8513/8746/4681/Relevant_2006-1.pdf.

Het voorarrest

'Voorarrest', www.rechtspraak.nl, voor het laatst bezocht op 6 december 2022. https://www.rechtspraak.nl/Themas/voorarrest.

Ook rechter-commissaris Maxim Ferschtman legt in ons gesprek de verschillende fasen van het voorarrest duidelijk uit, zie onderstaand.

In voorarrest is het verblijf achter de tralies als volgt opgedeeld:

1) maximaal negen uur: onderzoek op het politiebureau. Hierover gaat de officier van justitie.
2) maximaal drie dagen (plus eventueel drie dagen verlenging): *inverzekeringstelling* op het politiebureau. De officier van justitie beslist of de verdachte in verzekering wordt gesteld, maar de verdachte moet uiterlijk binnen 90 uur na aanhouding worden voorgeleid aan de

rechter-commissaris. Deze toetst dan of de inverzekeringstelling rechtmatig is. Dit betekent dat de rechter-commissaris controleert of er een 'redelijk vermoeden van schuld' is en of de overige wettelijke regels zijn nageleefd.

3) maximaal veertien dagen: *in bewaring* in het huis van bewaring. Dit moet de officier van justitie 'vorderen' bij de rechter-commissaris. De rechter-commissaris kan de vordering toewijzen, afwijzen of de verdachte onder voorwaarden vrijlaten. Vanaf nu, dus vanaf het huis van bewaring, heet het voorarrest de *voorlopige hechtenis*.
4) maximaal negentig dagen: *gevangenhouding* in het huis van bewaring. Hiertoe beslissen drie andere rechters: de raadkamer. Zij beoordelen of de verdachte nog langer moet vastzitten.
5) Na deze periode komt de zaak op zitting bij de rechtbank (openbare zitting). Dit zijn ook drie rechters, die uiteindelijk over de zaak zullen beslissen. De voorlopige hechtenis loopt dan door, tenzij de verdediging een verzoek doet om de voorlopige hechtenis op te heffen of de voorlopige hechtenis te schorsen (= onder voorwaarden vrijlaten). De drie rechters die over de zaak gaan moeten daar weer over beslissen.

6 Heel brave ambtenaren

Conversatie tussen Wieland en Holleeder

'Wie is Frank Wieland, rechter in de zaak-Holleeder? "Hij kan scherp uit de hoek komen als je hem irriteert of belazert"', *de Volkskrant*, 1 maart 2019. https://www.volkskrant.nl/nieuws-achtergrond/wie-is-frank-wieland-rechter-in-de-zaak-holleeder-hij-kan-scherp-uit-de-hoek-komen-als-je-hem-irriteert-of-belazert~ba483755/.

De dealer in dodelijke witte heroïne

Rechtbank Amsterdam, 23 februari 2016, ECLI:NL:RBAMS:2016:850. https://uitspraken.rechtspraak.nl/#!/details?id=ECLI:NL:RBAMS:2016:850.

Fatale schietpartij tijdens een dancefeest

Rechtbank Amsterdam, 15 september 2017, ECLI:NL:RBAMS:2017:6680. https://uitspraken.rechtspraak.nl/inziendocument?id=ECLI:NL:RBA MS:2017:6680.

Mohammed B.

Rechtbank Amsterdam, 27 juli 2005, ECLI:NL:RBAMS:2005:AU0025. https:// uitspraken.rechtspraak.nl/inziendocument?id=ECLI:NL:RBAMS:2005: AU0025.

Theo van Gogh: 23 juli 1957-2 november 2004, Gemeente Amsterdam, 2 november 2020. https://www.amsterdam.nl/nieuws/achtergrond/theo-van-gogh/.

Thomas van Bremerhaven

'Zekerheidsbewustzijn' wordt ook wel 'noodzakelijkheidsbewustzijn' genoemd. Van Bremerhavens doel was het innen van de verzekeringsgelden, en daarvoor was de dood van de bemanning een *noodzakelijke* voorwaarde.

H.B. Bos, *Leerboek van Nederlandsch strafrecht*, Tjeenk Willink. 1936, p. 108. https://www.delpher.nl/nl/boeken/view?objectsearch=Bremerhaven&coll =boeken&identifier=MMKB06:000001959:00130.

Franklin F.

Gerechtshof Amsterdam, 29 april 2010, ECLI:NL:GHAMS:2010:BM2970. https://uitspraken.rechtspraak.nl/inziendocument?id=ECLI:NL:GHAMS :2010:BM2970.

'Politieagente in Amstelveen doodgeschoten', *Het Parool*, 10 juli 2008. https://www.parool.nl/nieuws/politieagente-in-amstelveen-doodgeschoten~b9a6bc40/.

'Na de moord op Cevat viel hij in slaap', *Het Parool*, 10 januari 209. https:// www.parool.nl/nieuws/na-de-moord-op-cevat-viel-hij-in-slaap~b34ca52a/.

'Voor doden agente eis 18 jaar en tbs', *Het Parool*, 20 mei 2009. https://www.parool.nl/nieuws/voor-doden-agente-eis-18-jaar-en-tbs~b4f75c62/.

R. uit Enkhuizen

Hoge Raad, 23 januari 2001, ECLI:NL:HR:2001:AA9594. https://www.navigator.nl/document/id3420010123018050oadmusp?anchor=id-e3904acdb4aa0457e3de603250b6e016. En: http://arresten.eu/strafrecht/hr-23-01-2001-nj-2001-327-enkhuizer-doodslag/.

Het Porsche-arrest

Parket bij de Hoge Raad, 7 mei 1996, ECLI:NL:PHR:1996:1. https://uitspraken.rechtspraak.nl/inziendocument?id=ECLI:NL:PHR:1996:1.

Hoge Raad, 15 oktober 1996, ECLI:NL:HR:1996:ZD0139. http://arresten.eu/strafrecht/hr-15-10-1996-nj-1997-199-porsche/. En: https://uitspraken.rechtspraak.nl/#!/details?id=ECLI:NL:HR:1996:ZD0139.

Gerechtshof Arnhem, 10 maart 1997, ECLI:NL:GHARN:1997:AJ6387. https://uitspraken.rechtspraak.nl/inziendocument?id=ECLI:NL:GHARN:1997:AJ6387. De uitspraak is samengevat in: A.A. van Dijk, *Opzet, kans en keuzes – Een analyse van doodslag in het verkeer.* uitgeverij Paris, 2017, p. 1-2.

NB: Het verkeersongeluk in Enkhuizen was in 1998, dus ná het verkeersongeluk van Michiel B. in de Porsche (in 1994). Wij hebben Michiel B. vergeleken met R. uit Enkhuizen om het verschil tussen voorwaardelijke opzet/doodslag en 'dood door schuld' te verduidelijken, deze vergelijking wordt dus niet als zodanig in de rechterlijke uitspraken gemaakt.

NB 2: In het Porsche-arrest speelt de Wegenverkeerswet 1994. De Hoge Raad oordeelt daartoe als volgt: 'Degene aan wiens schuld, bij gelegenheid van een botsing met een door hem bestuurd motorrijtuig de dood van een ander te wijten is, kan ingevolge het ten tijde van de bewezenverklaarde gedragingen van kracht zijnde art. 36 wvw worden gestraft met een gevangenisstraf van ten hoogste een jaar. Indien de schuldige verkeerde onder zodanige invloed van een stof, zoals bijvoorbeeld alcohol, dat hij niet tot behoorlijk besturen in staat moet worden geacht, of indien een van de andere in het derde lid van art. 36 wvw genoemde strafverzwarende omstandigheden van toepassing is, bedraagt de maximaal op te leggen gevangenisstraf drie jaren. Indien, gelet op het aantal slachtoffers, het feit bovendien meermalen is gepleegd bedraagt, ingevolge het bepaalde in art. 57 Sr, de maximaal op te leggen gevangenisstraf vier jaren.' Zie: Hoge Raad, 15 oktober 1996, ECLI:NL:HR:1996:ZD0139 – Beoordeling van het eerste middel, punt 5.2. https://arresten.eu/strafrecht/hr-15-10-1996-nj-1997-199-porsche/.

De jager

Rechtbank Breda, 24 april 2009, ECLI:NL:RBBRE:2009:BI2181. https://uitspraken.rechtspraak.nl/inziendocument?id=ECLI:NL:RBBRE:2009:BI2181.

Gerechtshof 's-Hertogenbosch, 6 april 2010, ECLI:NL:GHSHE:2010:BM0025. https://uitspraken.rechtspraak.nl/#!/details?id=ECLI:NL:GHSHE:2010:BM0025.

Opzetvormen in 1936

H.B. Bos, *Leerboek van Nederlandsch strafrecht*, Tjeenk Willink, 1936, p. 107. https://www.delpher.nl/nl/boeken/view?objectsearch=Bremerhaven&coll=boeken&identifier=MMKB06:000001959:00130.

Opzet en schuld

De verschillende vormen van opzet en schuld helpen om de juridische redenatie te begrijpen, maar de categorieën zijn niet een-op-een te vertalen naar de wet. Zo kan doodslag, oftewel 'iemand opzettelijk van het leven beroven' (art 287 Sr) gepaard gaan met verschillende vormen van opzet. Hierop staat maximaal vijftien jaar. En iemand opzettelijk én met voorbedachten raad van het leven beroven is moord (art 289 Sr). Hierop staat maximaal een levenslange gevangenisstraf. Ten slotte wordt 'hij aan wiens schuld de dood van een ander te wijten is' – maximaal 2 jaar – onderscheiden van 'roekeloosheid' – maximaal vier jaar (beide artikel 307 Sr.).

'De grens tussen opzet en schuld', www.wetrecht.nl, voor het laatst bezocht op 7 december 2022. https://www.wetrecht.nl/de-grens-tussen-opzet-en-schuld/.

'Gradaties opzet', 01-strafrecht-advocaat.nl, voor het laatst bezocht op 9 maart 2023. https://01-strafrecht-advocaat.nl/gradaties-opzet/.
'Per ongeluk express', drnicomuller.nl, voor het laatst bezocht op 9 maart 2023. https://drnicomuller.nl/per-ongeluk-express/.

Maximumstraf doodslag

Mogelijk wordt de maximumstraf voor doodslag in de toekomst verhoogt, zie: 'Kamer stemt in met verhoging maximumstraf doodslag (naar 25 jaar), juristen zijn verdeeld', *NOS Nieuws*, 10 mei 2022. https://nos.nl/artikel/2428249-kamer-stemt-in-met-verhoging-maximumstraf-doodslag-naar-25-jaar-juristen-zijn-verdeeld.

Malek F.

Rechtbank Den Haag, 22 juli 2019, ECLI:NL:RBDHA:2019:7308. https://uitspraken.rechtspraak.nl/#!/details?id=ECLI:NL:RBDHA:2019:7308.
Gerechtshof Den Haag, 11 mei 2021, ECLI:NL:GHDHA:2021:856. https://uitspraken.rechtspraak.nl/inziendocument?id=ECLI:NL:GHDHA:2021:856.

Avi C.

Gerechtshof Leeuwarden 16 april 2007, ECLI:NL:GHLEE:2007:BA3007. https://uitspraken.rechtspraak.nl/#!/details?id=ECLI:NL:GHLEE:2007:BA3007.
Parket bij de Hoge Raad, 9 december 2008, ECLI:NL:PHR:2008:BD2775. https://uitspraken.rechtspraak.nl/#!/details?id=ECLI:NL:PHR:2008:BD2775.
Hoge Raad, 9 december 2008, ECLI:NL:HR:2008:BD2775. https://uitspraken.rechtspraak.nl/#!/details?id=ECLI:NL:HR:2008:BD2775.
Gerechtshof Arnhem 17 februari 2010, ECLI:NL:GHARN:2010:BL4185. https://uitspraken.rechtspraak.nl/inziendocument?id=ECLI:NL:GHARN:2010:BL4185.
Parket bij de Hoge Raad, 19 april 2011, ECLI:NL:PHR:2011:BP2743. https://uitspraken.rechtspraak.nl/inziendocument?id=ECLI:NL:PHR:2011:BP2743.
Hoge Raad, 19 april 2011, ECLI:NL:HR:2011:BP2743. https://uitspraken.rechtspraak.nl/#!/details?id=ECLI:NL:HR:2011:BP2743.

Karel Oei 'Hoofdstuk 3 – Vrije wil, verantwoordelijkheid, toerekeningsvatbaarheid', in: T.I. Oei & G. Meynen (red.), *Toerekeningsvatbaarheid: Over vrije wil, wetenschap en recht*, Wolf Legal Publishers (WLP), 2011, p. 33- 41.

Stoornis en opzet

De (juridische) redenatie wordt duidelijk uitgelegd in onderstaand citaat: 'Daarmee bleef de Hoge Raad bij het criterium dat hij tot nu toe heeft gehanteerd ten aanzien van de vraag in hoeverre geestesstoornissen, al dan niet als gevolg van het gebruik van medicijnen, alcohol of verdovende middelen, ertoe kunnen leiden dat het voor het delict vereiste opzet komt te ontbreken. De regel die de Hoge Raad heeft geformuleerd, luidt dat dergelijke verweren slechts kunnen slagen als bij de verdachte ten tijde van zijn handelen ieder inzicht in de draagwijdte van zijn gedragingen en de mogelijke gevolgen daarvan zou hebben ontbroken. [...] Indien wordt aangenomen dat dit inzicht ontbreekt, is er geen sprake van opzet. Een dergelijke toestand doet zich echter niet snel voor. In de praktijk wordt al spoedig enig besef of enig benul aangenomen. Zeker in de gevallen waarin het delict een activiteit van de dader vergt, met een zeker niveau van coördinatie van geestelijke en lichamelijke functies, ligt het aannemen van een minimaal besef wel voor de hand.'

Uit: Parket bij de Hoge Raad, 9 december 2008, ECLI:NL:PHR:2008:BD2775 – punt 12. https://uitspraken.rechtspraak.nl/#!/details?id=ECLI:NL:PHR:2008:BD2775.

De verwarde man in het Sophia Ziekenhuis

Rechtbank Zwolle-Lelystad, 27 oktober 2009, ECLI:NL:RBZLY:2009:BK1516. https://uitspraken.rechtspraak.nl/inziendocument?id=ECLI:NL:RBZLY:2009:BK1516.

De eerste keer dat Wieland een levenslange gevangenisstraf oplegde

De *wereld draait door*, 20 januari 2020, terugkijken: https://www.youtube.com/watch?v=TbCWLuSxO2g.

De Colombiaan gaat in hoger beroep en krijgt uiteindelijk dertig jaar. In ons gesprek zegt Wieland daarover: 'Het hof redeneerde dat er voor iemand van zijn leeftijd nog perspectief moet zijn, al is het maar een stipje aan de horizon. Dat had ik ook kunnen bedenken. Ik ben blij dat hij in appel is gegaan. Het merendeel van zijn straf zit er inmiddels op. Ik hoop dat het hem goed gaat.'

7 Een bloederig brein

Benjamin Libet

In Libets experiment worden dus drie zaken gemeten: het besluit om je vinger te buigen, het daadwerkelijke bewegen en de bijbehorende hersenactiviteit. Nu is 'het besluit om je vinger te bewegen' eigenlijk '*het bewust worden van de intentie* om je vinger te bewegen'. En om vast te stellen wanneer het begin van die intentie plaatsvond, moesten de proefpersonen kijken naar een klok waarvan de wijzer in 2,56 seconden ronddraaide. Zij moesten vervolgens aangeven waar zij de wijzer waarnamen op het moment dat zij die intentie voelden opkomen. Het 'begin van de intentie' werd dus weergegeven met de gemelde wijzerstand van de klok. Zo kon Libet het begin van de hersenactiviteit (EEG-signaal), de daadwerkelijke beweging (spierspanning), en het begin van de intentie (gemelde wijzerstand van de klok) meten.

B. Libet, C.A. Gleason, E.W. Wright, D.K. Pearl, 'Time of conscious intention to act in relation to onset of cerebral activity (readiness-potential). The unconscious initiation of a freely voluntary act', *Brain*, 106 (deel 3), 1983, p. 623-642. https://pubmed.ncbi.nlm.nih.gov/6640273/

Frank Leoné, 'Hersenwetenschap wijst uit: de vrije wil is schone schijn', in: Palmyre Oomen (red.), *Vrije wil, een hersenkronkel? – Wetenschappers en filosofen over een fascinerende vraag*, uitgeverij Klement, 2013, p. 29-32.

Neuroreductie

Bert Keizer, 'Hoofdstuk 7. Neuro-reductie en vrije wil', in: Maureen Sie e.a., *Hoezo vrije wil?*, uitgeverij Lemniscaat, 2011, p. 142-154.

Charles Whitman

'Experts still disagree on role of Tower shooter's brain tumor', *The Daily Texan*, 30 juli 2016. https://thedailytexan.com/2016/07/30/experts-still-disagree-on-role-of-tower-shooters-brain-tumor/.

'Gun Violence and mental health laws, 50 years after Texas Tower Sniper', NPR, 29 juli 2016. https://www.npr.org/sections/health-shots/2016/07/29/487767127/g...olence-and-mental-health-laws-50-years-after-texas-tower-sniper.

8 Gevaarlijke gedachten

Phineas Gage

'De wonderlijke geschiedenis van Phineas Gage', *Trouw*, 23 december 2000. https://www.trouw.nl/nieuws/de-wonderlijke-geschiedenis-van-phineas-gage~b4564b77/.

Henry J. Bigelow, 'Dr. Harlow' case of recovery from the passage of an iron bar through the head', *The American Journal of the Medical Sciences*, 1850. https://collections.countway.harvard.edu/onview/files/original/fc61f-61c95e9f2d82160a86b1f168664.pdf.

J.B.S. Jackson, *Descriptive catalogue of the Warren Anatomical Museum*, Harvard University, 1870, p. 145-149. https://collections.countway.harvard.edu/onview/exhibits/show/beyond-the-bone-box/the-case-of-phineas-gage.

Prefrontale cortex

'Impulsief of afwegen', kijkinjebrein.nl, voor het laatst bezocht op 14 maart 2023 (website van het Brain & Development Onderzoekscentrum). https://kijkinjebrein.nl/onderwerpen/risicos-nemen/

Walter Freeman

'He was bad, so they put an ice pick in his brain...', *The Guardian*, 13 januari 2008. https://www.theguardian.com/science/2008/jan/13/neuroscience.medicalscience

De Nederlandse Hersenbank

'Over de Nederlandse Hersenbank', www.hersenbank.nl, voor het laatst bezocht op 8 december 2022. https://www.hersenbank.nl/over-ons/over-de-nhb/.

Neuronaal netwerk

Ryan Darby, Andreas Horn, Fiery Cushman, Michael D. Fox, 'Lesion network localization of criminal behavior', *PNAS* 115 (3), 16 januari 2018, p. 601-606. https://www.pnas.org/doi/abs/10.1073/pnas.1706587115.

Dick Swaab

Dick Swaab, *Wij zijn ons brein – van baarmoeder tot alzheimer*, uitgeverij Contact, 2010, zie: p. 287 (Phineas Gage), p. 287-290 (functie prefrontale cortex), p. 237 en 288 (Freemans lobotomie), p. 290 en p. 296 (prefrontale cortexdementiën), p. 296 (hersengebieden en moreel functioneren), p. 379 (de vrije wil).

Victor Lamme

Victor Lamme, *De vrije wil bestaat niet – Over wie er echt de baas is in het brein*, uitgeverij Bert Bakker, 2010.

'Het "ik" als kwebbeldoos', *NRC*, 19 juni 2010. https://www.nrc.nl/nieuws/2010/06/19/het-ik-als-kwebbeldoos-11908718-a578853.

Raceauto-demo

Victor Lamme, *De vrije wil bestaat niet – Over wie er echt de baas is in het brein*, uitgeverij Bert Bakker, 2010, p. 170.

Frank Leoné, 'Hersenwetenschap wijst uit: de vrije wil is schone schijn', in: Palmyre Oomen (red.), *Vrije wil, een hersenkronkel? – Wetenschappers en filosofen over een fascinerende vraag*, uitgeverij Klement, 2013, p. 34.

Sociaal psycholoog Daniel Wegner heeft vele studies gewijd aan deze 'illusie van controle', zoals: D.M. Wegner, B. Sparrow & L. Winerman, 'Vicarious agency. Experiencing control over the movements of others', *Journal of Personality and Social Psychology* 86, 2004, p. 838-848. https://pubmed.ncbi.nlm.nih.gov/15149258/.

Rubberen handexperiment

M. Botvinick, J. Cohen, 'Rubber hands "feel" touch that eyes see', *Nature*, 391(6669):756, 1998. https://www.nature.com/articles/35784.

'The rubber hand illusion', BBC *Two*, te zien via: https://youtu.be/sxwn1w7MJvk.

Justin Willman, 'Rubber arm experiment', *Magic for Humans*, 2018, Netflix. Te zien via: https://www.youtube.com/watch?v=xdxlT68ygt8. Dit is een variatie van het experiment. Goochelaar Justin Willman brandt de rubberen hand 'van' de nietsvermoedende proefpersoon met een aansteker, prikt erin met een naald en slaat erop met een hamer...

De vrije wil

Er zijn meerdere betekenissen van de vrije wil. Zo wordt de vrije wil, opgevat als 'keuzevrijheid', klassiek aangeduid met *liberum arbitrium*. Je kunt hierbij denken aan wiskundige vrijheidsgraden: vrije keuzes als variabelen, die onafhankelijk van elkaar zijn. Welke optie je ook kiest, de keuze is volkomen vrij. Maar de vrije wil kan ook opgevat worden als een koppeling tussen 'vrij' en 'eigen'. Je kunt hierbij denken aan de natuurkundige vrije val: in een vrije val volgt een voorwerp ongehinderd zijn eigen pad, en zo is ook een persoon vrij als hij of zij ongehinderd zijn eigen pad kan volgen. Het gaat dus om jouw verlangens, jouw idealen, jouw smaak – jíj wilt iets en daarom doe je het. Deze opvatting van de vrije wil wordt klassiek aangeduid als *libertas voluntatis*.

Palmyre Oomen (red.), *Vrije wil, een hersenkronkel? – Wetenschappers en filosofen over een fascinerende vraag*, uitgeverij Klement, 2013, p. 9.

'Vrije wil: een hersenkronkel? In debat met neurowetenschappers en filosofen', masterclass vanuit de Stichting Thomas More en Universiteit Utrecht, augustus 2012, onder leiding van prof.dr. Palmyre Oomen.

Harry Frankfurt

Harry G. Frankfurt, 'Alternate possibilities and moral responsibility', *The Journal of Philosophy*, Vol. 66, Nr. 23, 4 december 1969, p. 829-839.

In zijn artikel 'Freedom of the Will and the Concept of a Person' beschrijft

Frankfurt even later, in 1971, een ‘hiërarchische wilsstructuur’. Dit betekent dat wij niet zomaar samenvallen met hetgeen ons tot actie beweegt. Wij kunnen ons hiervan distantiëren en ons afvragen hoe we (eigenlijk) willen handelen. Frankfurt maakt dus onderscheid tussen dat wat ons feitelijk tot actie beweegt en dat wat we ‘eigenlijk’ of ‘echt’ willen (of: ‘verlangens van hogere orde’). Het gaat erom welke van de (soms) met elkaar botsende verlangens ons effectief tot actie drijft én of dat hetgeen is wat we ‘echt’ willen. En wanneer dat het geval is, zijn we (moreel) verantwoordelijk. Zie: Harry G. Frankfurt, ‘Freedom of the Will and the concept of a person’, *The Journal of Philosophy*, Volume LXVIII, Nr. 1, 14 januari 1971.

Zie ook: Katrien Schaubroeck en Thomas Nys (red.), *Vrijheid, noodzaak en liefde – Een kritische inleiding tot de filosofie van Harry Frankfurt*, uitgeverij Pelckmans en Klement, 2011.

Hypnosemoorden

‘Deense hypnosemoord: waarheid of leugen?’, *Leidsche Courant*, 3 februari 1961. https://leiden.courant.nu/issue/LLC/1975-02-13/edition/0/page/7.

Murderous Trance, 2018, regie Arto Halonen. https://guardianangelmovie.net/en/the-guardian-angel-info.

Neuroloog als deskundige in de rechtbank

L. Noyon, H.J.C. van Marle, P.A.M. Mevis & M.J.F. van der Wolf, ‘De discussie over neurowetenschap en strafrecht: een overzicht en een richting’, *Delikt en delinkwent*, 2015/34.

Hersenonderzoek bij verdachten

Nieuwsuur, 17 oktober 2022, terugkijken: https://www.npostart.nl/nieuwsuur/17-10-2022/VPWON_1334678?st=premium.

Paul van de Beek

Paul van de Beek, ‘De menselijke wil in het recht’, *Nederlands Juristenblad*, 2012/1172. http://deeplinking.kluwer.nl/?param=00B718CE&cpid=WKNL-LTR-Nav2.

9 Een reden, geen excuus

Dodelijke slaapwandelaars

'The science of defending sleepwalkers that kill', *BBC news*, 25 maart 2010. http://news.bbc.co.uk/2/hi/health/8583408.stm.

Kenneth Parks

Victor Lamme, *De vrije wil bestaat niet – Over wie er echt de baas is in het brein*, uitgeverij Bert Bakker, 2010, p. 7-19.

'Roxanne' uit Nunspeet

Rechtbank Zutphen, 9 november 2007, ECLI:NL:RBZUT:2007:BB7529. https://uitspraken.rechtspraak.nl/#!/details?id=ECLI:NL:RBZUT:2007:BB7529.

Gerechtshof Arnhem, 17 maart 2010, ECLI:NL:GHARN:2010:BL7919. https://uitspraken.rechtspraak.nl/#!/details?id=ECLI:NL:GHARN:2010:BL7919.

Parket bij de Hoge Raad, 10 januari 2012, ECLI:NL:PHR:2012:BT8785. https://uitspraken.rechtspraak.nl/#!/details?id=ECLI:NL:PHR:2012:BT8785.

Hoge Raad, 10 januari 2012, ECLI:NL:HR:2012:BT8785. https://uitspraken.rechtspraak.nl/#!/details?id=ECLI:NL:HR:2012:BT8785.

Hof Arnhem-Leeuwarden, 2 mei 2013, ECLI:NL:GHARL:2013:BZ9278. https://www.navigator.nl/document/idd68bd1bc245b48b496d1e98e...013-bz9278-hof-arnhem-leeuwarden-02-05-2013-nr-21-001404-12.

H.L.G.J. Merckelbach, 'De slaapwandelende verdachte en het Linda-probleem', *Expertise en Recht*, 2010-3.

Sleep Forensics Associates

Statistieken beschikbaar via: https://sleepforensicmedicine.org/statistics/, voor het laatst bezocht op 9 december 2022.

Agressieve slaapwandelaars

H.L.G.J. Merckelbach, 'De slaapwandelende verdachte en het Linda-probleem', *Expertise en Recht*, 2010-3.

Bert Keizer

Bert Keizer 'Hoofdstuk 7. Neuro-reductie en vrije wil', in: Maureen Sie e.a., *Hoezo vrije wil?*, uitgeverij Lemniscaat, 2011, p. 151.

'We zijn meer dan ons brein', *Trouw*, 1 april 2012. https://www.trouw.nl/nieuws/we-zijn-meer-dan-ons-brein~b5c0054f/.

John Searle

John Searle, 'Social Ontology, some basic principles', *Anthropological Theory*, Vol 6 (1), 2006, p. 12-29.

Searle maakt eerst onderscheid tussen 'observer-relative' en 'observer-independent' fenomenen, en zoomt daarna in op een epistemische en ontologische betekenis van dit onderscheid. Zijn uitgangspunt is dat *ontologische subjectiviteit* gepaard gaat met 'observer-relativity', maar dat *ontologische subjectiviteit epistemische objectiviteit* niet uitsluit. We kunnen dus *objectieve epistemische* kennis over geld en de verkiezingsuitslagen hebben, terwijl het financiële systeem en politiek zelf beide tot het *ontologisch subjectieve* domein horen. (En dit is nog maar de inleiding van zijn artikel, of in Searles woorden: *one last distinction before we go to work.*)

De vrije wil als 'excuus'

Kathleen D. Vohs en Jonathan Schooler, 'The Value of Believing in Free Will – Encouraging a Belief in Determinism Increases Cheating', *Psychological Science* 19.1, 2008.

10 Mannen op slippers

Hannibal Lecter

The Silence of the Lambs, 1991, regie Jonathan Demme.

Hannibal Hopkins & Sir Anthony, 2021, regie Clara Kuperberg en Julia Kuperberg. Terug te zien op: https://www.2doc.nl/documentaires/2021/08/hannibal-hopkins-sir-anthony.html.

11 Liever een monster

Ed Gein

Harold Schechter, *Deviant – the true story of Ed Gein, the original Psycho*, Simon & Schuster, 1989.

'What happened to Mary Hogan?', *Plainfield Sun*, Editorial Headline, 8 december 1955, in: Harold Schechter, *Deviant – the true story of Ed Gein, the original Psycho*, Simon & Schuster, 1989, p. 47.

'Ed Gein American serial killer', www.britannica.com, voor het laatst bezocht op 22 juni 2022. https://www.britannica.com/biography/Ed-Gein.

Harold Schechter & Eric Powell, *Did You Hear What Eddie Gein Done?*, Albatross Funnybooks, 2021.

'Addicted to vaginal skin', *Tomb of the Mutilated* (album), Cannibal Corpse, 1992. https://www.youtube.com/watch?v=7DgRazonw7M – Luister jij wel tot het einde?

'Duitse boycot dreigt voor NL "necrolesbische" death metal act Antropomorphia', 3voor12vpro.nl, 13 maart 2013, voor het laatst bezocht op 18 februari 2023. https://3voor12.vpro.nl/artikelen/overzicht/2013/maart/Duitse-boycot-dreigt-voor-necrolesbische-AntropomorphiA.html.

The Silence of the Lambs, 1991, regie Jonathan Demme.

Psycho, 1960, regie Alfred Hitchcock.

Texas Chainsaw Massacre, 2022, regie David Blue Garcia.

Er volgen overigens vele remakes na *Psycho* en *The Silence of the Lambs*, *Texas Chainsaw Massacre* is zélf weer een vervolg van een film over een kannibalenfamilie, wonend in een huis met meubels van lichaamsdelen. (Die film heet dan weer *The Texas Chainsaw Massacre* (1974), dus mét '*The*').

Sigmund Freud

Natuurlijk is er nog veel meer te zeggen over Freud. Met betrekking tot het 'verdringen' van gevoelens: zie bijvoorbeeld de uitleg over Freuds driftmodel, structurele model en zijn theorie over de egopsychologie in: M.H.M. De Wolf, *Psychoanalytische theorievorming en de DSM-5. Ontwikkeling & psychopathologie*, uitgeverij Coutinho, 2015, p. 51-68.

Een uitgebreidere inleiding van Freud is o.a. te vinden in: *Inleiding tot de psychoanalyse*, 1915-1918, Wereldbibliotheek, Amsterdam. Dit boek bevat inleidende voordrachten die Freud tussen 1915-1918 aan de Universiteit van Wenen gaf. Het is vertaald door dr. A.W. van Renterghem en de geheel herziene vertaling is van Michel Meynen.

Melanie Klein

Melanie Klein, 'Envy and Gratitude', *The Writings of Melanie Klein*, Vol. III, p. 176-235.

M.H.M. De Wolf, *Psychoanalytische theorievorming en de DSM-5. Ontwikkeling & psychopathologie*, uitgeverij Coutinho, 2015, p. 121-129.

Het onvermogen tot ambivalentie waar Klein het over heeft, wordt later aangeduid met 'splitting' (door een andere beroemde psychoanalyticus, Otto Kernberg). Zie: Otto F. Kernberg, *The Inseparable Nature of Love and Aggression, Clinical and Theoretical Perspectives*, American Psychiatric Association, 2012. En: 'Splitting with the therapist – Otto Kernberg expert interview', fragment uit: *BORDERLINE*, 2016, regie Rebbie Ratner, te zien via: https://www.youtube.com/watch?v=QtZeKRStewU.

Heinz Kohut

Glen Gabbard *Psychodynamic Psychiatry in Clinical Practice*, American Psychiatric Publishing, 2014, p. 52, 50-55.

Later stelt Kohut dat er – naast het gezien worden en idealiseren – nog een derde pijler van belang is voor een psychisch gezond individu: het 'tweelingschap'. Kortgezegd houdt dit in dat mensen de behoefte hebben om (eigenschappen van) zichzelf te herkennen in een ander. En om die herkenning te ervaren doen mensen die ander na. Deze 'tweelingschap-ervaring' is zo belangrijk omdat het ons het gevoel geeft dat we 'een mens onder de mensen zijn', iets dat de angst voor existentiële onzekerheid verzacht. Denk bijvoorbeeld aan een jongetje dat zijn vader nadoet tijdens het grasmaaien – vader met een vlijmscherpe maaier, het kind met zo'n plastic namaakding. Tijdens het 'alsof-maaien' beleeft het jongetje dat hij net zo stoer is als zijn vader. Door dit 'tweelingschap' met zijn vader voelt hij zich (even) net zo groot en sterk, een 'man onder de mannen'. Zie: Doris Brothers, 'Trauma, Gender, and the Dark Side of Twinship', *International Journal of Psychoanalytic Self Psychology* 7, 2012, p. 391-405.

12 Verwarde engelen

Martha U.

Rechtbank Groningen, 2 mei 1996, ECLI:NL:RBGRO:1996:AA5509. https://uitspraken.rechtspraak.nl/inziendocument?id=ECLI:NL:RBGRO:1996:AA5509&showbutton=true&keyword=wieland&keyword=verpleegkundige.

'Hof: Martha U. korter cel, eerder tbs', *NRC*, 8 oktober 1996. https://www.nrc.nl/nieuws/1996/10/08/hof-martha-u-korter-cel-eerder-tbs-7327032-a626575.

'Ook hoger beroep van Martha U. als documentaire', *Trouw*, 6 november 1996. https://www.trouw.nl/nieuws/ook-hoger-beroep-van-martha-u-als-documentaire~bbbfe5ae/.

'Engel des doods' houdt vol uit mededogen te hebben gehandeld', *Trouw*, 25 september 1996. https://www.trouw.nl/nieuws/engel-des-doods-houdt-vol-uit-mededogen-te-hebben-gehandeld~b9525132/.

Eveline Brandt, 'Engelen des doods', *De Groene Amsterdammer*, 31 juli 1996. https://www.groene.nl/artikel/engelen-des-doods.

'Deze dag: steun voor Martha U.', www.rtvnoord.nl, voor het laatst bezocht op 30 december 2021. https://www.rtvnoord.nl/nieuws/825730/deze-dag-steun-voor-martha-u.

Frans H.

'"Engel des doods" is in zorg geen onbekende volgens deze oud-journalist', *de Volkskrant*, 22 januari 2018. https://www.volkskrant.nl/wetenschap/engel-des-doods-is-in-zorg-geen-onbekende-volgens-deze-oud-journalist~b9daf319/.

Donald Harvey

'Donald Harvey, "Angel of Death," serial killer dies after attack in prison', usatoday.com, voor het laatst bezocht op 13 juni 2022. https://eu.usatoday.com/story/news/nation/2017/03/30/angel-of-death-serial-killer-donald-harvey-dies-prison-attack/99833752/.

Moordenaressen in Nederland

'Moord en doodslag een mannenzaak', *de Volkskrant*, 22 november 2011. https://www.volkskrant.nl/nieuws-achtergrond/moord-en-doodslag-een-mannenzaak~b6bf1064/.

'Vrouwelijke moordenaars zijn nog steeds de uitzondering', *Trouw*, 20 februari 2021. https://www.trouw.nl/binnenland/vrouwelijke-moordenaars-zijn-nog-steeds-de-uitzondering~bd0e6617/.

Kiranjit Ahluwalia

'I wanted him to stop hurting me', *The Guardian*, 4 april 2007. https://www.theguardian.com/world/2007/apr/04/gender.ukcrime.

'Kiranjit Ahluwalia – justice for women', www.justiceforwomen.org.uk, voor het laatst bezocht op 15 juni 2022. https://www.justiceforwomen.org.uk/kiranjit-ahluwalia.

Vrouwelijke regisseurs in het horrorgenre

Patricia Pisters, *New Blood in Contemporary Cinema: Women Directors and the Poetics of Horror*, Edinburgh University Press, 2020.

Het filmische deel van dit hoofdstuk is (in iets andere vorm) eerder gepubliceerd, zie: Roselien Herderschee en Lotje Steins Bisschop, 'Filmvrouwen die hun onderdrukker met een hakbijl of naaldhak te lijf gaan', *Hard//hoofd*, 26 januari 2021. https://hardhoofd.com/filmvrouwen-die-hun-onderdrukker-met-een-hakbijl-of-naaldhak-te-lijf-gaan/.

Films met vrouwelijke moordenaressen

I Spit on Your Grave, 1978, regie Meir Zarchi.

De stilte rond Christine M., 1982, regie Marleen Gorris.

Revenge, 2017, regie Coralie Fargeat.

Alias Grace, 2017, Mary Harron (regie) & Sarah Polley (bedenker).

Nancy Crampton Bophy

Nancy Brophy, 'How to murder your husband', *See Jane Publish*, 2011. https://archive.ph/D1s2X.

'How to murder your husband writer found guilty of murdering husband', *The Guardian*, 26 mei 2022. https://www.theguardian.com/us-news/2022/may/26/how-murder-husband-writer-guilty-nancy-crampton-brophy.

'This romance novelist is on trial in her husband's killing. It's like a plot twist from one of her books', edition.cnn.com, 7 april 2022. https://edition.cnn.com/2022/04/07/us/nancy-brophy-husband-murder-trial-cec/index.html.

'"How to murder your husband" writer sentenced for murdering husband', *BBC News*, 13 juni 2022. https://www.bbc.com/news/world-us-canada-61786575.

13 Het ware gezicht

De Deventer moordzaak

Rechtbank Zwolle, 9 maart 2000, ECLI:NL:RBZWO:2000:AA5060. https://uitspraken.rechtspraak.nl/#!/details?id=ECLI:NL:RBZWO:2000:AA5060.

Gerechtshof Arnhem, 22 december 2000, ECLI:NL:GHARN:2000:AD8964. https://uitspraken.rechtspraak.nl/#!/details?id=ECLI:NL:GHARN:2000:AD8964.

Parket bij de Hoge Raad, 1 juli 2003, ECLI:NL:PHR:2003:AE8165. https://uitspraken.rechtspraak.nl/#!/details?id=ECLI:NL:PHR:2003:AE8165.

Hoge Raad, 1 juli 2003, ECLI:NL:HR:2003:AE8165. https://uitspraken.rechtspraak.nl/#!/details?id=ECLI:NL:HR:2003:AE8165.

Gerechtshof 's-Hertogenbosch, 9 februari 2004, ECLI:NL:GHSHE:2004:AO3222. https://uitspraken.rechtspraak.nl/#!/details?id=ECLI:NL:GHSHE:2004:AO3222.

‘Deventer moordzaak’, www.rechtspraak.nl, voor het laatst bezocht op 15 december 2022. https://www.rechtspraak.nl/Bekende-rechtszaken/Deventer-moordzaak.
NB: In oktober 2022 heeft advocaat Geert-Jan Knoops een herzieningsverzoek ingediend.
Rechtbank Amsterdam, 25 april 2007, ECLI:NL:RBAMS:2007:BA3691. https://uitspraken.rechtspraak.nl/#!/details?id=ECLI:NL:RBAMS:2007:BA3691.
‘Maurice de Hond moet schadevergoeding betalen aan De Klusjesman en diens vriendin’, www.rechtspraak.nl, 25 april 2007. https://www.rechtspraak.nl/Organisatie-en-contact/Organisatie/Re…chadevergoeding-betalen-aan-de-klusjesman-en-diens-vriendin.aspx, voor het laatst bezocht op 15 december 2022.
Rechtbank Amsterdam, 22 november 2007, ECLI:NL:GHAMS:2009:BK0036. https://uitspraken.rechtspraak.nl/#!/details?id=ECLI:NL:GHAMS:2009:BK0036.
Gerechtshof Amsterdam, 13 oktober 2009, ECLI:NL:GHAMS:2009:BK0036. https://uitspraken.rechtspraak.nl/#!/details?id=ECLI:NL:GHAMS:2009:BK0036.
Parket bij de Hoge Raad, 14 juni 2011, ECLI:NL:PHR:2011:BP0287. https://uitspraken.rechtspraak.nl/#!/details?id=ECLI:NL:PHR:2011:BP0287.
Hoge Raad, 14 juni 2011, ECLI:NL:HR:2011:BP0287. https://uitspraken.rechtspraak.nl/#!/details?id=ECLI:NL:HR:2011:BP0287.
‘Hoge Raad verwerpt cassatieberoep in strafzaak De Hond’, www.rechtspraak.nl, 14 juni 2011. https://www.rechtspraak.nl/Bekende-rechtszaken/Deventer-moordz…as/Hoge-Raad-verwerpt-cassatieberoep-in-strafzaak-De-Hond.aspx, voor het laatst bezocht op 15 december 2022.
De Veroordeling 2021, regie Sander Burger.
De Deventer moordzaak – het complot ontrafeld, Ambo|Anthos *uitgevers*, 2020, Bas Haan.
De Deventer Mediazaak, BIND in coproductie met Argos van HUMAN/VPRO, 2021, Annegriet Wietsma, naar een idee van Joram Willink.

Over Frank Wieland

Rob Zijlstra, 'De rechter van Holleeder', robzijstra.com, 1 maart 2018. https://robzijlstra.com/2018/03/01/de-rechter-van-holleeder/.

Jasper S.

'18 jaar voor Jasper S. in de zaak-Vaatstra', www.rechtspraak.nl, 19 april 2013. https://www.rechtspraak.nl/Organisatie-en-contact/Organisatie/Rechtbanken/Rechtbank-Noord-Nederland/Nieuws/Paginas/18-jaar-voor-Jasper-S—in-zaak-Vaatstra.aspx, voor het laatst bezocht op 29 januari 2022.

'Jasper S. handelde in roes – "daarna sloeg de paniek toe"', *NRC*, 28 maart 2013. https://www.nrc.nl/nieuws/2013/03/28/jasper-s-overwoog-meerdere-keren-zich-over-te-geven-a1436056.

'Precies twintig jaar geleden vond Freddy Vaatstra zijn zus in een weiland. Sindsdien beheerst de moord zijn leven', *Trouw*, 1 mei 2019. https://www.trouw.nl/nieuws/precies-twintig-jaar-geleden-vond-fr…-in-een-weiland-sindsdien-beheerst-de-moord-zijn-leven~b86d7ee3/.

Zoektocht Anne Faber

'Na de vermissing van Anne Faber helpt haar oom Hans nu andere families', www.rtvutrecht.nl, 13 juni 2021. https://www.rtvutrecht.nl/nieuws/2186356/na-de-vermissing-van-anne-faber-helpt-haar-oom-hans-nu-andere-families.

'Wat ging er fout bij de verslaggeving rond de zoektocht naar Anne Faber?', www.villamedia.nl, 16 oktober 2017. https://www.villamedia.nl/artikel/anne-faber-en-de-journalistieke-missers.

Bob H.

Rechtbank Utrecht, 7 november 2011, ECLI:NL:RBUTR:2011:BU3456. https://uitspraken.rechtspraak.nl/#!/details?id=ECLI:NL:RBUTR:2011:BU3456.

'Minder straf voor doden Sandra Hazeleger', *de Volkskrant*, 6 juli 2012. https://www.volkskrant.nl/nieuws-achtergrond/minder-straf-voor-doden-sandra-hazeleger~b9f1946e/.

'12 jaar cel voor moordenaar Sandra Hazeleger', www.quotenet.nl, 7 november 2011. https://www.quotenet.nl/quote-500/a25645/12-jaar-cel-voor-moordenaar-sandra-hazeleger-25645/.
'Moordenaar Sandra Hazeleger: vergeven beter dan vergelden', www.quotenet.nl, 24 oktober 2011. https://www.quotenet.nl/quote-500/a25683/moordenaar-sandra-hazeleger-vergeven-beter-dan-vergelden-25683/.

Steven Avery en Brendan Dassey

Making a Murderer, 2015, Laura Ricciardi, Moira Demos.
'Advocaten "Making a Murderer" over wereldberoemde zaak', *NOS*, 21 oktober 2016. https://nos.nl/nieuwsuur/artikel/2138950-advocaten-making-a-murderer-over-wereldberoemde-zaak.
'Here's what was left out of Making a Murderer', *Time*, 5 januari 2016. https://time.com/4167699/netflix-making-a-murderer-evidence-left-out/.
'Obama reageert op "Making a Murderer"-petitie', *NOS*, 8 januari 2016. https://nos.nl/op3/artikel/2079374-obama-reageert-op-making-a-murderer-petitie.
'Het vervolg op Netflix-hit Making a Murderer', www.vprogids.nl, 19 oktober 2018. https://www.vprogids.nl/cinema/lees/artikelen/interviews/series/2018/Ricciardi-en-Demos-over-Making-a-Murderer-Part-2.html.
'Making a Murderer is geen realiteit, dat moet de kijker beseffen', *NOS*, 24 oktober 2018. https://nos.nl/artikel/2256256-making-a-murderer-is-geen-realiteit-dat-moet-de-kijker-beseffen.